ラグビーエッセー選集

人類のためだ。

藤島　大

人類のためだ。　目次

【鉄】東伏見から吹く風

夏

反戦とスポーツ

君たちは、なぜラグビーをするのか。
それは「戦争をしないため」だ。

体を張った平和論

68年前の7月25日、米国のハリー・トルーマン大統領によって、原子爆弾の投下指令は承認された。人間が人間を焼き尽くす行為は正当化されたのである。夏、スポーツと平和を考える。スポーツをすれば平和が訪れるのか。そんなに甘くはない。

26年前、元日本代表監督、スポーツ哲学者の故・大西鐵之祐《てつのすけ》さんは言った。

「(略) 修行者集団でない限り、この平和を維持することはできないでありましょう」

（1987年1月17日、早稲田大学最終講義）

ここでの「修行」とはスポーツのゲームの場で「知性的」な行動と「愛情や生死や緊急事態」のからむ生身の行動をともにコントロールすることを示す。冷静に、科学的に勝利をめざし、なお、現実の勝負の渦中に発生する非科学的な事態を意思によって制御する。「このふたつのものをコントロールできる人間をスポーツを通じてつくっていただきたい」。そう大学の後進に託した。机の上のみならず、グラウンドの真ん中の知性を求め、闘争に逃げずに立ち向かい、なお汚いことをしない。そういう人間が社会のリーダーとなっていくべきだ、と。

大西は、最終講義で「みなさんへのお願い」と前置きして、こうも述べた。

「わたしは（略）8年間戦争にいってきました。人も殺しましたし、捕虜をぶん殴りもしました。（略）そのときに、こうなったら、つまり、いったん戦争になってしまったら人間はもうだめだということを感じました。そこに遭遇した二人の人間や敵対する者の間には、ひとつも個人的な恨みはないんです。向こうが撃ってきよるし、死んじまうのは嫌だから撃っていくというだけのことで、それが戦争の姿なんです」

学校で教わった理性、知性は、戦場では「なんの役にも立ちません」。だから、そうなる前、戦争に突入する前に、闘争的スポーツを通じてフェアプレイを体現して、どんなに勝ちたくともここを踏み越えてはならない、という倫理を身につけた者たちが「グループをつくる」。そのグループを「社会の基礎集団・社会的勢力（ソシアル・フォーセス）」として「戦争をさせないための人々の抵抗の環」とするのだ。

大西は、さらに「若い人たち」に向けて語った。

「権力者が戦争のほうに進んでいく場合には、われわれは断固として、命をかけてもそのソシアル・フォーセスを使って（選挙で）落としていかないと、あるところまでウワーッと引っ張られてしまうたら、もうなんにもできませんよ、私たちがそうだったんだから」

そして「最後のお願い」で締めくくった。

「私たちは、平和な社会をいったんつくり上げたのですから、これをもし変な方向、戦争のほうに進ませちゃったら、戦死したり、罪もなく殺されていった人々、子供たちに、どうおわびするのですか。（略）ぜひそのことをお考え願いたい」

あの最終講義を講堂の隅で聴いていた。新聞の取材のためだったが、感動して途中からメモを満足に取れなくなった。ジャパン、早稲田大学で峻厳に勝利をめざし、満々の気迫で勝負の醍醐味と深さを説いた人物が、その先の平和を語っている。弱腰でなく、闘争に邁進してきたがゆえの反戦論。スポーツをするから平和なのではなく、スポーツを本当によくした者が「命をかけて」平和を守る。その迫力。当時、ラグビーの名監督の格調高い講義は話題を呼んだ。本稿筆者もこれまで何度か各媒体で紹介してきた。それでも、いま、この夏、原爆投下の決まった日にもういっぺん書いておきたい。

走って、倒して、粘って、それを繰り返す大接戦、どうしても勝ちたい相手に対して、たとえルールの範疇にあっても、本当に汚い行為はしない。ジャスティス（順法）より上位のフェアネス（きれい）を生きる。すると社会に出ても、ズルを感知する能力が研ぎ澄まされる。「変な方向」がわかる。

明日の炎天下の練習が憂鬱な若者よ、君たちは、なぜラグビーをするのか。
それは「戦争をしないため」だ。

初出＝J SPORTS「be rugby ～ラグビーであれ～」２０１３年7月26日

存分に走れ

ヒロシマ。ナガサキ。敗戦の日。夏は、8月は、スポーツライターにも戦争とその残酷について考えさせる。あの無責任な計画のもたらす無謀な戦いに命を落とした若者の無念が想像されてしかたがないのだ。

いまいちど存分に楕円の球を追いかけたかったろう。腰の横に「ビフテキ」をこしらえて、耳をカリフラワーにしたかったろう。再びラグビーに青春の熱をぶつけたかったろう。

1945年12月16日。広島総合体練場でラグビーの試合が行われた。「広島OB―三菱工作」。あの惨い「ピカドン」から約4カ月、あってはならぬ核兵器使用で、すべて焼き尽くされ、つらい後遺症の残った広島の地で、もうラグビーは始まった。26―6でオールドボーイズの勝利。これが地元紙「中国新聞」に掲載された敗戦の年唯一のスポーツ記録である。ヒロシマのスポーツ復興の最初の一歩はラグビーだった。みな、スポーツを、ラグビーを、どんなに、ひもじかろうと楽しめる自由を嚙みしめたことだろう。

戦争をするためにラグビーをしてはならない。戦争を許すためにもラグビーをしてはならない。戦争をしないためにラグビーはあるのだ。こんなことを仰々しく書いたのでは、いささか青臭いとたしなめられるだろうか。ちょっと恥ずかしいよと。そうではないと思う。傷つきやすく弱々しいかもしれぬ正論を表明できない社会は不幸である。

ラグビーに打ち込むと体が丈夫になる。あるいはそうだろう。しかし、そんなことはさして重要ではない。社会に出ればわかる。仕事の体力とスポーツのそれは別物なのである。案外、女子大学で演劇の裏方をしてましたというような人間のほうが徹夜続きに強かったりもする。

若き年月、真剣勝負のラグビーに身を焦がして、最も幸福なのは、つまり「戦争をしない力」の一端を担えるからである。

高い目標を掲げて、仲間とともに邁進していく。肉体を鍛え、集中力を磨く。一流をめざすからこそ、その過程で軋轢は生じる。妥協はできない。ラグビーという枠の内側に、気圧はぐんぐん上がる。空気は張り詰める。すると、そこに生まれる「ズル」や「インチキ」は、ただちに浮かび上がる。また、そうしたズルやインチキを感知する力は養われる。

勝つ。優勝する。試合に出る。切実な目標がある。そこに「ウソ」の居場所などない。目標が高ければ高いほど衝突は起こる。勝たなくてはならないのだから妥協は許されない。なんとか解決しようと力を尽くす。とことん話し合い、徹底的に悩む。机の上ではかなわぬ本当の知性的行動である。

ズルを素早く見抜く。単純な右か左かには収まらない、もっと生々しく複雑にからみあった難題をも解決する能力。それこそが戦争をしない、させない力なのである。

あなたが真剣勝負のラグビーを生きたなら、必ず「人を見る目」は培われている。表向き、正論を述べても、転がる球に身を投げ出さぬ者、タックルにいくふりをして仲間のコースに逃がす者、ラックに入るのが面倒だから「本当に球をもらう気はない」のにラインに残る者は、どうしたって修羅場では信じられない。そういう経験を積むうちに人を見る目は身につく。この政治家はおかしいぞ。この学者はうわべだけだ。この経済人はアンフェアじゃないか。このジャーナリストは誇りを欠いている。その「目」が戦争を防ぐのだと信じたい。根柢には「真剣なラグビーにおいて汚いことをするな」の感覚がある。

ひとつの道をきわめれば、その実感を軸に、かえってさまざまなことがわかる。ラグビーの壮大な価値のひとつだ。「練習ばかりで大丈夫か」。気持ちはわかる。しかし大丈夫なのである。クラブ活動をしない「練習ばかりでない者」が充実した時間を過ごしているか。たまの練習の休み、あっという間に時は過ぎる。ああいうふうに学生時代が終わる。時間を長く感じられるのは青春の特権である。逆から考えれば「練習ばかり」でも勉学や恋愛や読書くらいはできる。どうか存分に走れ。戦争をしないために。

初出＝SUZUKI RUGUBY「友情と尊敬」２００４年８月

夏に想像する

たまに考える。バグダッドのスポーツ好きはどうしているだろう。

学生時代のラグビー部の後輩が、卒業旅行にインドを選び、カルカッタ郊外の経済的にはきわめて貧しい農村にしばらく滞在した。どこかでその村の住人と意気投合したらしい。

帰国して一言。

「ラグビーをするということが、いかに贅沢なのか分かりました」

夏に戦争を思い出す。戦争体験はないから「夏に想像する」と書くべきか。戦争で死ぬのは壮烈な銃撃によってばかりではない。餓えて弱った戦病死が多かった。ろくに戦いもせず異国の土に伏せる。それもリアリティーだ。

『東京大学ラグビー部七十年史』を繰ってみる。

戦況激烈の１９４３年、昭和18年のページにこんな記述があった。

「幻のような試合」

この年の10月16日、神宮競技場で日本ラグビー協会主催の「出陣学徒壮行紅白試合」が行われた。各大学から１００名以上の部員が集まった。同日には野球の「最後の早慶戦」もあった。10月21日、あの有名な神宮での出陣学徒壮行会は開かれている。とうとう学業途中の学生までが戦地へ狩り出された。

「かくして学徒部隊は征く。さらば征け、征きて敵米英を撃て」

のちに野球や相撲の名実況をうたわれるＮＨＫの志村正順アナウンサーの悲しい調子が響いた。

敵性語禁止によりラグビーは闘球と呼ばれた。

このころ東大ラグビー部員にも「一生の区切りをつけたい」という思いが募った。「一生の思い出の試合となれば対京大戦であった」「戦死する前に最後の伝統の京大戦をやろうではないか」

どうしても好敵手の京都大学と戦いたい。ただし東京では目立つ。ならば京都で。「ところが戦時下の折、チームが大挙して遠征することは、政府も大学も許さない」部史に掲載された当時の部員の回顧によれば以下のような「作戦」は練られた。

試合決行は10月19日。東大の部員はそれぞれ個人的に京都旅行へ出かけたことにする。京都の吉田山でたまたま出会い、それじゃあと試合をする……。「見えすいた話だが、皆大まじめで潜行した」と部史にはある。

東大が12―11で勝った。しかし本当の勝者はいなかった。『京都大学ラグビー部六十年史』の記述はこうだ。

「わびしい出陣前の幻のようなラグビー試合であった」

戦い終えると両校部員は肩と肩を組んでそれぞれの歌を歌った。その後は双方がいりまじって宿での宴会が始まる。ふと祇園の街へ繰り出す。ある東大ＯＢの述懐。

「その時の祇園の雰囲気の平和だったこと。古き良き時代のお正月気分がただよっていたのを思い出す。戦争で、できれば死にたくないなとばく然と思ったのを覚えている」

１９４５年の8月15日、玉音放送が流れた。その敗戦の日から１カ月後の9月23日には、早くも、戦後初めてのラグビー試合が敢行されている。

各大学のＯＢたちが復活させた関西倶楽部と全三高は京大グラウンドで対戦。「事前のふれこみなしに３０００人」（東大部史）の観衆は集まったとされる。24―6で関西倶楽部勝利。

京大の部史は、早大ＯＢの西野綱三氏の言葉を引いている。

「何年かぶりで見る自由闊達な試合に感激、抑圧されていた人間関係が一気にこみ上げて『ワアッ』と驚くような大歓声となってこだまし、自由と平和が来たという喜びが雪どけの水のように奔流したようであった」

１９４３年10月の「わびしい幻」と、１９４５年9月の「喜び」。そのあいだの苦難と残酷について想像を働かせよう。きっと夏合宿の10本連続タックルや100本スクラムは自由の証明なのだ。かつて、首の皮がめくれても、顔面が凸凹と化しても、それがラグビーのせいなら、うらやましくってしかたがないと思う先達がいた。そう思いながら若き命を落とした人々がいた。

東大部史にも7名のラグビー部卒業生の戦死者が記されている。哲学青年や銀座の酒場『ピノチオ』で喉をふるわせた歌自慢、みな愛すべき個性の持ち主だった。

ちなみに手元の『早稲田ラグビー六十年史』を引くと、21名の卒業生、3名の出陣学徒部員の名が戦死者として記録されている。全国の多くのラグビー人が戦火に散った。

いま、ともかくラグビーが存分にできる。のちに「いい時代だった」と振り返る事態の訪れを想像しないでもないが、走っても許されるときに青春を迎えたのは歴史をふまえれば幸運なのかもしれない。

夏におおいに鍛えよ。熱射病に細心の注意を払いつつ。

（京大部史の引用は東大部史の記載より）

初出＝SUZUKI RUGUBY「友情と尊敬」2005年8月

闘争的反戦思想

夏。ラグビーのことを考える。「戦争をしないためのラグビー」のことを。

この季節、NHKなどで前の戦争についての特別番組が放送される。いつも同じ感想を抱く。簡単に述べると、日本人は「空気を読むと戦争する」。戦争を始めるし、戦争をやめられなくなる。体面の保持と同調圧力により、ひとつの方向になだれを打つ。

日本は「なぜ」戦争を選んだのか。その領域の誠実な研究者である東京大学・加藤陽子教授の著書を引けば、戦争遂行の論理は、どこかで「国民の心ががらりと変わる瞬間」を必要とする。その「瞬間」より手前で、なかば直感的、本能的に「待てよ」と歯止めをかける人間がいなくては、戦争は避けられない。

そのためにラグビーをするのだ。

以下、元日本代表監督でスポーツ社会学者の故・大西鐵之祐さんの「闘争の倫理」のダイジェストでの紹介である。過去にも何度か書いたが、ここに若く新しき読者もおられると信じて、繰り返したい。

「闘争の倫理」は「闘争と倫理」ではない。ここが大切だ。

真剣勝負のラグビーという闘争「の」渦中に求められる倫理。そのことを実感した者が「世の中がおかしくなりかけた時に、ちょっと待てよと行動できる」。ラグビーに没頭した人々が、社会において「セル（細胞）」となり、ネットワークを構築して、「ボート（投票集団）」を形成、この国を戦争へ導く勢力と対峙していくのだ。

それが大西鐵之祐さんが最後まで唱えたことだ。

「戦争をしないためにラグビーをするんだよ」

この一言には、やはり故人の元日本代表監督、宿澤広朗さんも「あれこそが大西さんの理論の核心だ」といつも共鳴していた。

闘争の倫理とは。

ラグビーの試合中、対戦相手のエースをめがけてパントを上げて、なだれこみ、倒し、ボールがそこにあれば合法的に相手の頭めがけて突っ込むことはできる。しかし、その時、思わず力を少し緩めている。「合法（ジャスト）」より上位の「きれい（フェア）」を優先したくなるからだ。生きるか死ぬかの気持ちで長期にわたって努力し、いざ臨んだ闘争の場にあって、なお、この境地を知る者を育てる。それがラグビーだ。

「スポーツをやっとる時には、二律背反の、ええことと悪いことの選択を迫られる場に必ずおかれるんです。その時に、自分の意思でいいほうに選択していく。これがフェアであります。それをすでに決まっておるある基準によって決めるんじゃなしに、自分で決める」（早稲田大学最終講義より。以下、同）

「ルールに従っとるのがフェアだという人がありますが、そんなもんフェアじゃありません。ルールは人間が作ったものであります。だからそれによって善悪を決めるのはジャスティスのジャストであります」

戦争も、戦時下の人権弾圧も、いつだって合法的に行われる。「戦陣訓」というルールに従えば、強制的集団自決も「玉砕」と美化された。その「汚さ」の気配を察し、抵抗していく。それはパントで激しく厳しく闘争的になだれこみながら、合法であろうとも相手の頭は傷つけないという「情緒のコントロール」ができる者にのみ可能だ。

「権力者が戦争のほうに進んでいく場合には、われわれは断固として、命をかけてもそのソシアル・フォーセス（闘争の倫理を知る者による社会の基礎集団）を使って落としていかないと、あるところまでウワーッと引っ張られてしもうたら、もうなんにもできませんよ。私たちがそうだったんだから。実際、昭和12、13年ごろになってしもうたらもうだめです。権力者が武力を握ってポンポンポンと殺してきたら、どんなやつでも命が惜しいから全部お手あげですよ」

大西鐵之祐さんには苛烈な戦場体験がある。「人も殺しましたし、捕虜をぶん殴りもしました」。そうなったら、つまり、いったん戦争になったら「人間はもうだめだということを感じました。そこに遭遇した二人の人間や敵対する者の間には、ひとつも個人的な恨みはないんです。向こうが撃ってきよるし、死んじまうのはいやだから撃っていくというだけのことで」。だから、そうなる前に抵抗するのだ。

23年前の最終講義はこう締めくくられている。

「私たちは、平和な社会をいったんつくり上げたのですから、これをもし変な方向、戦争のほうに進ませちゃったら、戦死したり、罪もなく殺されていった人々、子供たちに、どうおわびするのですか」

すべてのラグビー指導者、ことに高校や大学の監督とコーチには強烈に意識してほしい。あくまでも勝利を追求する。そうでなければ弱虫だ。しかし、ただ勝てばよいのではない。ジャスティスよりもフェアネスを知る若者を社会へ送り出す。「闘争を忘れぬ反戦思想」の中核を育てることが使命なのだ。

初出＝SUZUKI RUGUBY「友情と尊敬」２０１０年8月

予期せぬ自分

こういうたぐいのことを書く場ではないと分かってはいるけれど、現職の大臣が自分をあわれんで公的な場で泣いたり、原発政策など与党時代の責任を簡単に忘れて罵るばかりの野党議員を眺めていると、務め多きオトナの「小児性」がもはや切なくなる。

ことに政治の世界では「ゆがんだ自己愛」がのさばっている。右も左も上も下もみんなそうだ。自分と自分の身内ばかりがかわいくて、うまく立ち回りたくて、ほんの少しでも損をしたくない。いやですねえ。

だからラグビーなのだ。ラグビーであってほしい。ラグビーのように生きれば世の中はよくなると信じたい。

いま合宿に、炎天下の練習に、奮闘する若者たちよ。もう気づいているだろう。スポーツの、ことにラグビーの喜びの核心とは「他者から求められる瞬間」にある。

オマエのタックルはすごい。君のパスならうまく走れる。ミスをしてもあなたがカバーしてくれるので大胆になれる。そんなふうに他者に評価されると自分自身の内側は磨かれる。これが人生の充実なのである。

高校と大学のラグビー部コーチ時代、たまに選手に進路の相談をされた。いつもこう答えることにしていた。


「本当の自分なんてありはしない。いまの自分が自分なのだ」

なるほど「本当の自分」にふさわしい学校や仕事を探したくなるのは人情だ。みんなそうだった。しかし、それらは、どこかにあらかじめあるわけではない。あるのかもしれないがクッキリとはしていない。それよりも、仮にラグビーを続けたいなら、えいっと飛び込んでみる。オマエはタックルするのが仕事だ。そう他者に指示される。オマエのタックルはすごい。他者から自分が求められる。あるいはオマエのラグビーを見る目は優れている、と評価されて、映像分析や作戦構築の任務を与えられるかもしれない。

その時、予期せぬ能力に気づく。いま、その瞬間、自分のためだけでなく、チームのために、レギュラーが勝つために、損得を抜きに没頭する。それこそが本当の自分自身なのだ。自分にピッタリの世界はどこかと情報を集めたり人脈をたどっても「思わぬ能力」は引き出されない。「自分こそが成功したい」という願いは活力を呼ぶが、そればかりだと共感を招かず仕事に深みは生じない。

ちなみに、もうひとつ進路をめぐって、よく話したのはこれ。

「ひとりでも尊敬できる人がそこにいたら勝利だ」

好きな人はよくいるが、尊敬できる人はあまりいない。本来、受験や就職の競争とは、「尊敬できる人がいるところ」を求めてのみ派生すべきなのだとも思う。

ラグビーのポジションとルールと試合の構造は、その人らしさを明快に求める。献身に徹する不器用なプロップと利発で器用なハーフはまったくの補完関係にある。足が遅いのでタックルの標的になりやすいセンターだからこそ俊足のフルバックのライン参加がいきるような場合もある。

露骨な自己愛を忘れると、結果、自己を愛せるようになる。ラグビーはそのことを可能にする。他者のために心身を捧げれば、そのまま自分の価値を高めてくれるのだ。ここが個人種目や記録のスポーツ、あるいはポジションごとのプレーの似通った競技とは違う。コーチをするにあたって思い出す言葉がある。これまでも何度かコラムに引いたが、それくらい忘れられない。昔、あるチームのある部員が言った。

「あの人は僕らを優勝させたいのではなく優勝監督になりたいのです」

他者はあなたを見抜く。だからこそ、あなたの知らないあなたの能力を引き出すのだ。

初出＝SUZUKI RUGUBY「友情と尊敬」2011年8月

キミに最後の別れを

戦中の東京大学のスクラムハーフ、伊藤健一郎（敬称略、以下同）の「戦争末期のラグビー部」という文章が、『東京大学ラグビー部七十年史』に転載されている。１９４４年春、合宿所にひとりいたら、尊敬する部の先輩、前年に卒業したばかりの和田超三から「いまから戦地に往くから会いたい」との電話が入った。

皇居二重橋に頭を下げ、東京駅まで徒歩、ずっと語り合った。スタンドオフを務め、マネージャー兼コーチとしても東大ラグビー部に関わり、その卓越した指導理論と人格で「神様」と呼ばれた「チョーゾウ」さんは、海軍少尉の姿で後輩の手を握りながら、こう言い残して発った。

「東大ラグビー部とキミに最後の別れをする」

その人はそのままフィリピンに散った。

送り出した伊藤は同年9月に短縮卒業、楕円球の友はすでに「軍に引っ張られ」ており、卒業式では誰とも挨拶をかわせず、ひとり農学部のグラウンドにあったゴールポストに向かって泣いた。同10月、戸山ヶ原の東部第四部隊機関銃中隊に見習いの仕官として入る。某日、兵隊への訓話を命ぜられた。「こんなに素晴らしい緑の練習場で戦争の練習も当然必要だが、自分はここでラグビーをやればよいと思う」と前置きをして、自分が青春を燃やしたスポーツの格闘的要素と崇高な精神を説いた。

しばらくすると将校室に呼ばれて「やんわりと叱られた」。いわく「貴君の言うことは日本陸軍の兵隊には無理だ。気持ちはわかるが……」。初めて知ったのだが、面前のその人は、慶應大学ラグビー部出身の「下村少尉」だった。

8月15日。玉音放送。それから1カ月強、敗戦国の日本で初めての競技スポーツが行われた。ラグビーである。これも同『七十年史』に詳しい。1945年9月23日のラグビーフットボール。仕掛けたのは東京大学ＯＢ、当時30歳の信託銀行員、正野虎雄であった。

敗戦より2週間後、正野は、早稲田ＯＢの西野綱三を勤務先である大阪の朝日新聞社に訪ねる。いちはやくラグビーの復活を。両者の意見は一致した。計画を練り、戦争末期にもささやかに活動できていた京都の旧制三高を母体としてチームをつくり、対戦相手に各大学卒業生による「関西倶楽部」を編成。猛然と前へ進めて実現にこぎつける。

正野は、まだ残存していた海軍経理部から物資を調達、戦中、庭に保管していたジャージィに補充した。伝統の試合後の交歓会のために「缶詰のあずきやパン」を集め、みずからリュックに詰めて会場に運ぶ。本人もロックとして出場している。

当日、なんの告知もしないのに、京都大学農学部グラウンドには「３０００人」のファンが観戦にやってきた。『…七十年史』には西野の現場での実感が引かれている。「自由と平和が来たという喜びが雪どけの水のように奔流したようであった」。次の週には、京都大学と関西倶楽部が対戦、こんどは試合後のために「薬用アルコールに紅茶で色をつけ、サッカリンで甘みをつけた特製の密造酒」まで手配された。

正野は、貴重なジャージィなど用具をそのつど回収、三菱信託（財閥解体で当時は朝日信託）の自分のオフィスに保管、試合のたびに各チームへ貸し出した。たったひとりの「ラグビー協会」のようなものだった。東京大学ＯＢ、毎日新聞記者として日本ラグビーの語り部であった池口康雄が、先輩、正野虎雄の言葉を『…七十年史』に書き残している。

「ユニフォームを置いていることがわかり支店長に叱られましたよ。おかげで出世が遅れましたけど（略）私には結果的には役立つことをしてるんだという自負心がありました。燃えていたんですね」

自称、「出世が遅れた男」は、のちに「ラグビー界の財政部長」と呼ばれ、東京（現・秩父宮）ラグビー場増設資金調達にも奔走、鉄筋のメイン席とクラブハウスをあっという間に完成させて、朝日新聞企画セクションの西野綱三が手がけた52年のオックスフォード、翌年のケンブリッジ大学来日の入場料収入で見事に返済してみせた。「敗戦直後のラグビー」を実現させた者たちには、無から喜びを創造する行動に変わりはなく、さして困難でなかったのかもしれない。

ラグビー部に別れを告げて帰れなかった人がいた。からくも帰れた人もいた。生き残った仲間には使命があった。そして、その後進にも現在進行形の使命はある。平和、すなわち、ラグビーの青春を守り抜くことだ。

初出＝J SPORTS「be rugby ～ラグビーであれ～」２０１４年8月11日

「きざし」に抵抗せよ

～反戦とスポーツ～

いま読者がこの新聞を手にされた5日夕刻なら間に合った。69年前の8月6日朝、広島に原爆が落ちた。前の夜までに戦争が終わっていれば人類史の惨事は避けられた。3日後の長崎もまた。

先月28日、広島に原爆を投下した米爆撃機「エノラ・ゲイ」の搭乗員12人のうちの最後の生存者、セオドア・バンンカーク氏が93歳で死去した。

地域の野球のコーチも務めた同氏は、9年前のインタビューにこう語っている。「何も見えなかった。ヒロシマは煙とほこりと破片で真っ黒だった」（タイム誌）

スポーツは炭鉱のカナリアでありたい。先んじて異変を伝える。戦争の兆候は日常より、まず余暇の場に表れるからだ。かつて「富国」に奨励されたスポーツは、やがて「強兵」に組み込まれた。

戦前の早稲田大ラグビー部監督で戦中の衆議院議員、故・本領《ほんりょう》信治郎氏は敗戦4年後の著書で、1938（昭和13）年をこう回顧している。

「満州事変以来慢性的になっていた軍国調のきざしは、スポーツを軍国主義的な国民訓練と結びつけながらも、直接の抑圧感は生じていなかった」（『日本ラグビー物語』）。そして「まざまざとした弾圧」があらわとなるのは3年後の「太平洋戦争に入る直前から」と続けている。

当時のスポーツ界は「きざし」を逃した。ラグビーの元日本代表監督でスポーツ社会学の故・大西鐵之祐氏は、27年前の講義で述べた。

「権力者が戦争のほうに進んでいく場合（略）ウワーッと引っ張られてしもうたら、もうなんにもできませんよ。私たちがそうだったんだから。（略）昭和の12、13年ごろになってしもうたら、もうだめです。権力者が武力を握ってポンポンポンと殺してきたら、どんなやつでも命が惜しいから全部お手あげですよ」

筆者は本人の言葉を聞いたことがある。「机の上の秀才と軍人がリーダーでは戦争を阻めなかった。闘争の場のフェアネスを知るスポーツ人こそが社会的勢力となり抵抗しなくては」

心配が過ぎると思われるだろうか。まだまだ日本は平和だと。ただ、とうとうエノラ・ゲイの搭乗員がいなくなったように、戦争にスポーツを奪われた無念もいつかは消える。先人の警鐘はより大きな音で繰り返されてちょうどよい。

初出＝東京新聞・中日新聞「スポーツが呼んでいる」2014年8月5日付

秋

ワールドカップの季節

「畏れ慎む」気持ちを忘れてはならない。

ラグビー酒場の黒麦酒

歓声が流れる。霧がたちこめる。
ギネス。ギネス。ギネス。
妖精もきっと褐黒の一杯で喉を鳴らしている。ダブリンでは、詩人とボクサーの境界は
どうやら存在しない。街角のパブこそが書斎にして闘技場である。
1991年の10月。ラグビーのワールドカップ取材で訪れたダブリンの数軒のパブが忘
れられない。
空港から夕刻の市内に入る。タクシーの窓より外を眺めていると、酒場の飾り窓に緑の

ラグビーのジャージィが浮かび上がった。

あとでわかったアイルランド島屈指のパブ、万国の楕円球好きが集結する名物酒場、「オールド・スタンド」（The Old Stand）との幸運な遭遇である。真剣勝負に眉吊り上げる日本代表選手には申し訳ないが、そこは観察者の気楽さ。連夜の「オールド・スタンド」通いを日課とした。

東西のラグビー好きとパイントまたパイントのギネスを飲み倒す。ある晩、フランス人の自称レフェリーに口説かれた地元女性が聞いてきた。

「ねぇ、あの人、本物の審判、それとも線審」

河岸をかえて、音楽パブの「オドナヒューズ」（O'Donoghues）へ。

壁に一通の手紙がピンで止めてある。英語堪能の記者によれば、辞任を相談するためニクソンがキッシンジャーに宛てたものだった（？）。

アイルランド島全土にパブは約1万1千軒。ダブリンにも数え切れぬが、ギネス工場が眼前なのに店ごとの味に差がある。

あるバーマンいわく「注ぎ口のパイプをまめに掃除しているところは美味なり」


初出＝「週刊宝石」1996年2月。『ラグビー特別便』（スキージャーナル）所収

亡命と微笑

ラグビーのワールドカップが開幕する。

密かなひいきは決まった。フランスの辛口記者が「ソースのない料理」と酷評したルーマニアのハイパント戦法は退屈のきわみだが、それでも、このドラキュラの故郷を静かに支持する。所属する予選A組は、最有力候補の豪州と南アフリカ、前回大会8強のカナダの居並ぶ「死のグループ」。道はたいそう険しいが、いくばくかの瞼の熱さを込めて声援を送りたい。

雨が落ちてきた。

秩父宮ラグビー場。5月1日の午後。

2日あとには日本代表とのテストマッチにのぞむラグビーのルーマニア代表は、午後の練習をキャンセルした。

ブカレストからエディンバラをめぐり東京にたどりついた長い旅。

選手たちの背中には活力のかけらも見当たらない。毛の死んだ羊どもは、笑顔も会話もなく、うつむきながら、帰りのバスへと引き返していく。朝の練習を終えて、千円札2枚をポケットに丸めて表参道まで歩き、キディランドあたりで見つけた恋人か子供への土産品。その白いビニール袋が太い指の先に揺れていた。

バスは去ったが、紳士がひとりラグビー場に残っている。

ヴィオレル・モラリュー団長。62歳。ルーマニアのラグビーの脳髄にして魂。

またとない機会だ。「あの時」のことを聞く。

「そう。あの時、われわれの仲間6人が犠牲となりました。事実です」

1989年12月21日に勃発した民主革命。ニコラエ・チャウシェスクと、その妻エレナが、45分間ほどの軍事法廷を経て銃口の先にひざまづき、壊れた人形のごとく生涯を終えた歴史の一幕。

革命直後、ロンドンとパリの新聞のスポーツ面にこんなニュースが報じられた。

革命のさなか「セクリターテ」と呼ばれるチャウシェスク派秘密警察との戦いで、何人かのラグビーマンが命を落とした。ある者はグラウンドを守りながら凶弾に伏し、有望な若手選手は傷ついた市民の壁となり天に召された。それは、あらゆる競技団体において最も大きな犠牲だった――。

「その通り。その通りです。かつての代表チームのキャプテン、フロイカ・ムラリューも死んでしまった」

モラリュー団長は、小さく英語で答えてくれた。

ルーマニア協会会長を務めるこの細身の元鉄道技師こそは国際ラグビー史における静かなる巨人である。あらゆる歴史書に、数行といえども、なにがしかの記述を施させ、深くスポーツを考える人々からの絶大なる尊敬を集めてきた。

１９６０年、主将モラリューは、名もなきルーマニア代表を率いて強豪フランスを11－5で打ち倒す。鉄のカーテンのあちら側に出現した天才フランカー。その後、63年までの対フランスの戦績は2勝2分け。59～62年にかけて、そのフランスが英国勢との「5カ国対抗」に4連覇の事実は、ただならぬ快挙を裏づけている。

引退後は、監督および団長として数々の実績をものにし、並外れた知性と情熱を両輪にルーマニアのラグビー発展に尽くしてきた。

もちろん、どの国にも、愛する競技に人生の多くを捧げるスポーツ人はいる。しかし、モラリューは特別だ。なぜなら、そこはルーマニア人民共和国だった。

肉の消えた食卓。密告。錆びついたストーヴ。湿った壁の独房。独裁者チャウシェスクの悪政が、ラグビー場だけを避けて通るはずもない。

80年代に入ると、ルーマニアのラグビーの窮状はさまざまなかたちで西側に伝わってくる。海外遠征先での笑えぬ事実の連続。チャーター便の使用を許可されたが燃料は片道分しか与えられなかった。試合よりも国家の定める外貨の獲得に血眼になっている……。やがて選手の自由への亡命が始まり、船上から地中海へ身を投げる者も出現した。

楕円球の英雄モラリューもまた冷血政治の縄からは逃げられなかった。

代表フランカーとして活躍した息子オクタヴィアンがフランスへ亡命を果たす。

父親はすべてを失った。ラグビー協会のあらゆる役職を解かれ、革命までの2年間はブカレスト郊外のセメント工場で失意の日々を過ごした。

「なにもかも奪われました。17歳から続いてきたラグビーとの縁も断ち切られたのです。悲しいストーリーです」

――革命前のことをもう少し教えて下さい。以下のような記述を目にしたことがあります。事実でしょうか。

チャウシェスクはラグビーを嫌っていた。オリンピック種目でないから国威宣伝の道具には使えず、おまけにインテリ層の少なくない選手と役員は英国かぶれときている。だから、独裁者は大衆操作に用いやすいサッカーを好んだ。

「おおむねイエス。なるほど彼はラグビーが嫌いだった。ただし、あの男の好きなスポーツなどありませんよ。スポーツを支配して、プロパガンダに利用すること。それだけに、関心があったのです。あのコマネチのようにね」

チャウシェスクは消え、モラリューは甦った。英仏ラグビー界を中心に資金援助は進められ、亡命選手も代表に復帰する。ブカレストの春。

ただし、その後の現実は再びの冬を思わせる。国家助成は打ち切られたのに、それに代わるスポンサーが見つからない。今回の日本遠征で各選手が両替したのは「一律七千円とちょっと」（協会関係者）。外国からの援助金をめぐる現職スポーツ大臣と協会の確執も噂されている。

雨が強くなった。

「さあ、そろそろ会合が始まります」

最後の質問です。息子の亡命計画を、あらかじめ知っていたのですか。

「もちろん。あたりまえです。あなたの父親とおなじですよ」

5月26日、19時50分過ぎ。死のグループ、ルーマニア対カナダ。ケープタウンのニューランズ競技場に国歌「ルーマニア人よ目ざめよ」が響く。

初出＝『ラグビー特別便』（スキージャーナル）1995年5月

ダーバン発北京経由ベルファスト行き

幸運にも「ラグビー特別便」は増発された。

あらゆるワールドカップ取材における最難関は、ふたつの準決勝をつなぐ移動にある。南アフリカ大会の場合、ダーバンからケープタウンまで。豪雨のスプリングボクス―フランス戦の翌日が、オールブラックスとイングランドの南北対決。ファンとジャーナリストとオフィシャルが一斉に移動するから、どのフライトも1年も前から満席である。

4日前。テニス取材で滞在していたパリの格安旅行代理店のコンピュータのスクリーンには、「満席印」が並んでいた。

やっぱり駄目か。あきらめかけたら、アフリカ系の美しい女性担当者が「あらっ」と言った。

「ずいぶん朝早いけれど」

これこそが、午前5時過ぎダーバン発の「ラグビー特別便」である。伊達公子の世にも美しいフラットの返球を見届けてから花の都より馳せ参じた風邪っぴきの日本人記者は、かくして、すべりこみの準決勝取材を許された。

3人がけの通路側の席。しばらく眠ったあと、ぼんやり機内誌のワールドカップ特集を眺めていると、隣の男が声をかけてきた。

「ラグビーやってたのかい」

イエス。大学の2軍で。あなたは。

「もちろん」

(太い指から判断して)ルースヘッド・プロップ？

「ノオ。ウイングだ。1977年のオールブラック」

おやおや。お国では英雄ですね。

「そんなことはないさ」と男は言って、なにごとかを語り始めた。

だいたいの内容は、以下の通りである。

僕はフランスのクラブでプレーしていたんだよ。なんとかという日本人とも試合したな。まあ、とにかく、そこでオールブラックスが遠征にやってきた。ところが怪我人がどんどん出てさ。突然、僕がツアーへ加わることになったわけ。

少々、前夜のワインの匂いを残す男は、それを最後にラグビーの話は打ち切って、日本の文化についての質問を始めた。

不器用な英語でそれなりに答えていると、１９７７年のオールブラックは言った。

「なんだかニュージーランドに似ているね。個人主義が認められないってことだな。まわりの顔色をうかがって暮らさなくちゃならない。そこへいくと、フランスは違うね。僕はいまもフランスに住んでいるんだよ。妻もフランス人なんだ。あそこには本物の自由がある。自分だけの人生がある。素敵な芸術と個性がある。それからフランスには……」

しばらく移住先を礼賛する言葉を続けてから、ほんの少し、フランス人のエゴイズムを批判して、「ビールはロンドン。ワインはパリ」を持論に機上の文明批評は終わった。

ところで、今回はオールブラックスの応援ですか。

「いやいや、僕はラグビーそのものが好きなんだ。ひいきはない。素晴らしいゲームがすべてさ。それより、あなたは何のためにケープタウンへ？」

仕事ですよ。ラグビー記者なんです

「おっと。僕はゴルフ専門誌の記者。好きなラグビーを仕事にしちゃいけない」

フランス語で記事を書くのですか。

「僕が英語で書く。それを妻が訳す。だから、妻はどんどん文章が上手になる」

その男、ブライアン・ヘガティは、ローリングストーンズのミック・ジャガーみたいに顔をくしゃくしゃにして笑った。

東京に帰って、さっそく、最初のワールドカップの際にオークランドで購入した『ニュージーランド・ラグビー百科事典』を繰ると、「オールブラックスのリザーヴ、選ばれたけれど出場できなかった者、および、大変不幸なことに代表になれなかった選手」のセクションに指の太いミック・ジャガーの名は掲載されていた。

HEGATY Brian Patrick
1953年、2月27日生まれ。ウイング。NZリザーヴ、1977年。73年にウエリントン州代表1回。その後、英国およびフランスのクラブでプレー。ビアリッツ・オランピックに所属していた77年、フランス遠征中のオールブラックスのベバン・ウィルソンとブライアン・ウィリアムズが相次いで負傷、ヘガティは、ツアーの最後の6日間に合流、2試合のリザーヴを務めた。

特別便の畿内の愉快な会話をふと思い出す。

古いアパルトマンの一室で、きょうも妻は夫のゴルフの原稿を翻訳しているのだろうか。

北京の11月はそりゃあ寒い。埃まみれの黄色い小型タクシーに乗って、ようやく郊外のキャンパスにたどり着くと、北風はさらにさらに鋭さを増していた。冬の夕刻。老若男女のまとう分厚い人民コートがうらやましい。

灰色の門をくぐる。

かちんかちんの土のグラウンドでは、アフリカ大陸のどこかの国の留学生（たぶん）がサッカーに興じている。コンクリートの学舎の向こうからは中国人学生（たぶん）の遊ぶピンポンの球も転がってくる。壮年の女性事務員（たぶん）が陸上競技のトラックをまるで表情を変えずに悠然と歩いている。

やがて、日本の留学生（まちがいなく）の面々もどこからか集まってきた。スズキ製のスパイクシューズに白い楕円球。うれしいじゃないか。彼らは、北京外語大学のラグビー部員なのである。

Hポールはない。ロッカー室もない。だから熱いシャワーなんかあるはずない。それでも、寒風の刺す、もうすぐ師走の大陸の首都で、ラグビーの練習は始まった。

さあ。気合いを入れていこう。おなじみの掛け声が赤い空まで届いた。

その夜。北京大学西門近くのいかした酒場、「BLUE JAY」にて、老酒ならぬテキーラをのんだくれつつ、北京外語大学ラグビー部員有志とのナイトゲームは開幕した。ほとんどが未経験者なのに、ひたすら情熱にまかせて、異国の地での創部にこぎつけた若者どもである。1年前の元日には、かの天安門広場をランパスで走り抜けて、泣く子も黙る公安警察のタックルを浴びた。威勢がいいのである。よく飲んで、よく語って、よく笑った。

「サンマ定食のおかげなんですよ」

4年生のウイング、柴田学君は言った。

「高校を出て運送会社に就職したんです。ある日の昼めし、いつものように職場の仲間たちが仕事の不満を言い始めました。ふと、見ると、全員がサンマ定食を注文している」

即、退社を決意。中華人民共和国までやってきて、日本では触れたこともない橄欖球（カンランチュウ）、直訳すればオリーブの球、すなわちラグビーフットボールに遭遇する。中国語と格闘しながら、佐藤剛君、山田智三君ら気のいい仲間と夢中でオリーブの球を追ってみた。北京農業大学をはじめとする中国人チームと交流に駆け回り、各国大使館や商社に潜むラグビー好きとテキーラ（なぜか北京のラグビーマンはこれを好む）の杯を交わす。ひとつのことに夢中になったら、みるみる世界は広がった。卒業後は東京の企業へ。

1995年、11月某夜。サンマ定食のころには想像しようもない、熱のこもった青春はノーサイドまで残り5分に迫っている。

「なんだか不思議な感じですよね。いろいろあったけど、楽しかった」

ブルガリア人やら豪州人、そのうちに、かのラグビー校出身の謎のイングランド青年まで乱入して、不思議な北京の夜は更けた。

ダブリンからベルファストまではタクシーをチャーターした。のんびり汽車旅行も悪くなかったが、同僚の写真部員の最新式の機材はたいそうヘビーだった。

「2時間はかからないと思いますよ」

きっと25歳くらいのドライバーは言った。

1991年、10月。第2回ワールドカップにおいて、われらがジャパンは、敵地ダブリンにてアイルランドと激突。トライ数なら3対4と喰い下がったが、やはり金星には届かなかった。残すは、ベルファストでのアフリカ大陸代表ジンバブエ戦のみ。黒ビールの苦みも名残惜しいダブリンをあとにして、酔っ払い報道陣も北へ移動である。

「私もラグビーをしてるんですよ。ええ。右のプロップです」

なるほどドライバー氏の首は生ギネスの樽だ。

「いちどだけ、クラブの試合で、フィル・オーとスクラムを組んだことがあります」

フィル・オー。いい響きだ。１９７６年より87年までアイルランド代表として58回もの国際試合に出場した不動のルースヘッド・プロップ。当時のプロップの世界最多出場記録を持ちながら、引退まで、ただのいちどもトライをできなかった名物男である。

どうでした。フィル・オーのスクラムは。

「ベリー・ストロング」

軽く頬笑みつつそう言って、クリーム色のセーターを着たドライバーは、もういちど繰り返した。

「ベリー・ストロング」

しばらく走ると、ベリー・ストロング氏が、一軒の白い家を右手で指した。

「あれは私のチームメイトの家。いい仲間でね、試合が終わると、いつもビールを酌み交わしたんだ。本当に気のいいやつだった」

ところが、ある日、彼は忽然とクラブメイトの前から姿を消した。数年が過ぎた。テレビのニュースがロンドンの爆破事件の情報を伝えていた。犯人のうちのひとりの顔は、消えた彼だった。気のいいラグビーマンは、北部アイルランドの英国からの分離独立を求めるＩＲＡ（アイルランド共和軍）の非公然活動家、つまりテロリストだったのである。

「そりゃ、驚いたさ。やつが、そんな活動をしているなんて、まったく気がつかなかった。いつも、試合のあと、笑いながらビールを一緒に飲んだんだ」

北アイルランドとの国境ポイントでは、迷彩服の英国軍兵士が長い銃を構えていた。ドライバー氏は、ダブリンでのライセンスを掲示しながら、日本からラグビーの取材にやってきた客である旨を説明してくれていた。チェックのためにトランクを開けて見せる背中は頼もしく、なかなかのプロップに違いないと思わせた。


初出＝『ラグビー特別便』（スキージャーナル）１９９６年12月

世界でいちばん巨大な子供

世界でいちばん巨大な子供はかすかに脅えていた。

小さな巨人には象の背をつたう蟻ほどの迷いもない。

ジョナ・ロムーとネルソン・マンデラ。

その一瞬の交差はファイナルの行方を暗示していた。

20歳の怪物。そして76歳の怪物。

１９９５年。６月24日。第３回ワールドカップ決勝当日のヨハネスブルク。支配階級の要塞を想起させる巨大なエリスパークに大音響がとどろく。

ネルソン。ネルソン。ネルソン。

観客席の大半を占める白人にも、もはやカリスマは浸透しつつあるのか。

ネルソン・マンデラの登場。決闘前のセレモニーが始まる。

ネルソン・ロリシャシャ・マンデラこそはネクタイをせずに地球上の誰とでも面会を許される数少ない人物のひとりである。緑と金のスプリングボクスのジャージィをだらんとまとい、ブレザー姿のラグビー関係者に埋もれながら静かに歩みを進める。

王国ニュージーランドの黒衣の英雄どもはすでに整列している。型通りの握手。やがて20歳のロムーに、憎きアパルトヘイトをタッチの外に蹴り出した76歳が声をかけた。

「オー。ロムー」

垂れた目尻。ふくよかな笑顔。

ジョナ・ロムーはこわばっていた。敵地で迎えるワールドカップの決勝である。おおげさでなく世界が彼を見つめていた。つい、このあいだまでのティーンエイジャーにはたいそうな重圧だ。

大統領ネルソン・マンデラは、とぼけたように機先を制した。

おう。おう。君がロムーか。

この瞬間、覇者は決定した。小さな巨人は巨大な子供に人生最初の挫折を贈ったのである。

投獄27年。ケープタウン沖の孤島ロベンの2メートル四方の独房に閉じ込められ、力なく揺れる40ワットの裸電球の下、愛と戦いに思索を巡らせてきた老人の、ラグビー場への出現。それは、南アフリカ共和国代表スプリングボクスにとって、すくなくともドロップゴールの1本を凌駕する支援に値した。

人種隔離政策のもと孤高の楕円球帝国を支えてきた白人主流派、わずかであろうとも等しく汚れたその手の血糊を、チョコレイト色の肌の大統領は寛容の精神で拭い去ってくれた。白き支配者の最も好んだスポーツであるラグビーへの支持を表明し、白人秘密結社と密接な結びつきの噂されたスプリングボクスのジャージィに袖を通してみせる。

オールブラックスの面々にしてみれば、敵のサポーターなのに尊敬したくなる嫌な存在だ。キックオフの直前にはもっとも会いたくない種類の人物である。おまけに、この老人は、黒衣軍が世界に誇る衝撃のウイングの名をへんてこな抑揚で呼んで、たぎる血潮に水を差した。

ジョナ・ロムー。これがラグビーだ。

いかなるモンスターであっても、必勝の保証ばかりは簡単には戴けない。

素敵なサイドステップも小岩ほどの筋肉も、愛情や怒りや執念、あえてスプリングボクスに身を寄せた長老マンデラの知恵やら、そのマンデラとの神経戦に既得権保持をかける白人社会の決死の覚悟といったものの前には、時に敗れる。そして、いっぽうでは、いかなる策略や野心も、無垢なる熱と肉体に、あっさりと蹴散らされるのである。

ラグビーを書くこと、ラグビーを観戦することの楽しみは、きっと、そのあたりにある。


もういちど、このフットボールの魅力を考えてみる。

個人種目でなく、記録の競技ともちがう。チームの構成人員は際立って多い。人数が多いほど文化は反映されがちである。キプロス共和国に、ひとりの名ラガーマンが誕生する可能性はあっても、15人が揃うことは考えにくい。陸上競技ならひとりで金メダルだが、ラグビーに突然変異は通用しない。風土や環境はそのままゲームに表現される。

また、ラグビーフットボールは、けだるいモールや理不尽なスクラムをゲームの隠し味に含んでいる。停滞する密集におそろしいほどの労力を費やし、これ以上は動かないと思われるスクラムを延々と押す。ひとりあたま20キロもの体重差があろうとも繰り返される肉弾戦。倒木のようなラック。合理とは遠い。

つい最近まで、ラグビー界では、ルールの積極的な変更など観客を満足させる努力はほとんど施されなかった。寒風にさらされつつ、スタジアムまで足を運んでも、スリリングなオープン攻撃の応酬に遭遇することはまれである。

断言してしまえば、ラグビーとは、「退屈を楽しむゲーム」である。あるいは、「退屈を楽しむ余裕のある人々のゲーム」か。

ラグビー記者は、退屈の奥にひそむ退屈ではない味わいを察知し、栄光と蹉跌の余韻にさらされ、一応は締め切り時間に苦しんだりもして、活字のフィールドにゲームを再現する。運さえ良ければ、老大統領の笑顔ひとつが最強チームの生態系をかき乱す場面にも立ち会える。たぶん幸福な職業である。

スポーツ新聞社に勤めていたから、さまざまな競技の記事を書いた。それぞれに魅力はある。しかし、心臓をわしづかみにされるほど深い感激を体験させてくれるのは、どうしたってラグビーである（ついでボクシング）。凡戦も少なくない。だが、数年にいっぺん出現する名勝負の感激の度合いの強さは、億の単位の報酬がうごめくプロフェッショナルのスポーツをも圧倒する。

ラグビーフットボールは、人類が滅亡するまで、活字によって記録され続けるべきである。

アフリカ大陸からの帰路、シドニー空港の乗り換え時間の食堂で、本書（『ラグビー特別便』）にも収めた「世界の果て、ロムーが止まった」を書いた。頭を巡ったイメージは「小さな巨人マンデラが巨大な子供ロムーを圧倒」。それだけだった。

帰国後しばらく過ぎて、ふいに記憶が走った。ネルソン・マンデラとビル・クリントンがホワイトハウスかどこかで並んでいる一枚の写真。ふたりの背丈にはあまり差がない。徴兵を忌避した元アーカンソー州知事はジャパンのロックなら務まりそうな巨漢のはず。とすれば、マンデラ大統領も1メートル85センチ程度の長身にちがいない。

あわてて書店へ向かう。「ネルソン・マンデラ演説集」にこんな一節を発見した。

「（マンデラ青年は）背が高く、人目を引き、筋骨たくましく」

マンデラは大きかった。小さな巨人ではなかった。

エリスパーク記者席より眺めたネルソン・マンデラは確かに小柄だった。隣の記者もそう言っていた。よくよく考えてみれば、大統領の周囲のラグビー関係者がたいそうな巨漢だったのである。先導役の南アフリカ協会会長、ルイ・ルイトは、身長2メートル強の元猛牛ロック、眼前のロムーはあと5センチで2メートル、大判のピザでもかきこめば体重は120キロにも達するのだ。

ラグビー記者は、背の高いマンデラを小さな巨人と書く。おそらく、また書く。そんな人種である。

観察者がペンによって再構築する世界は実際とはちがう。肉体を描いても、精神に肉薄したつもりでも、それは断じて実物ではありえない。すべてを捧げて戦う当事者にすれば、たいていは潜水服の背中を孫の手でかかれるようなものだ。

それでも、だからこそ、観察者は観察を再現するほかない。真理はプレーヤーの胸のうちに横たわる。けれど、活字のラグビーもきっとラグビーである。

小さく見えれば、それは小さいのである。

初出＝『ラグビー特別便』（スキージャーナル）１９９６年12月

畏れ慎む

「私は常に『戦戦恐恐』をモットーにして来た。戦いや重大事に臨むときには誰でも味わうであろう『恐れわななく気持ち』である。」

戦後の秋工ラグビー部を率いた佐藤忠男著、『精魂尽くして颯爽たり』（秋田魁新報社）の一節。

秋工とは秋田県立秋田工業高校である。全国高校大会（途中までは中学大会）優勝が実に15度。ひたむきで攻守のバランスのとれた秋工ラグビーは古くから全国規模で愛されてきた。そのうち8度の栄冠に関わった佐藤忠男こそは「サッチュー先生」の愛称で親しまれた名指導者である。

冒頭の言葉は以下に続く。

「私は負荷を課しての練習を心掛けた。最悪のことを予想しながら。だから頭の毛の先から手足の指先まで機能させるように自らに課し、選手に求めた。選手にとっては気の抜けぬ練習となったことと思う。グラウンドには常に、それだけの緊張感があった。考えてみれば臆病なやり方ではあるが、それを土台にして、試合では大胆に勝負を挑んだ」

最後のくだりが素敵だ。

さらに、概略、こんなことも。

「ラグビーでは技量も精神力も最高度に高める必要がある。それは、戦いの相手を意識してのことでもあるが、それより以上に、私自身、ラグビー競技に対する崇高なまでの『畏れ』があるからだ」

サッチュー先生はラグビー部員ばかりでなく一般の生徒にも説いた。

「世の中は平和で自由で、誰をも畏れずに過ごしがちだ。けれど、果たしてそれだけでいいのか。物事に対して『畏れ慎む』気持ちを忘れてはならない」

秩父宮の、花園の、国立競技場の、青い芝を眺めながら、遠く雪解けの校庭に鼻水垂らす少年たちに思いをはせる。

ラグビーはオソロシイ。そう知って、そうであればこそ、スパイクを凍らせながら走る。炎天の夏にも走る。ダミーを百万回でも倒す。

秋工の戦いには緊張の極の果てに横たわる美が存在した。ラグビーを畏れる。ラグビーを尊敬する。真剣勝負の渦中に身を投じるには、「頭の毛の先から手足の指先まで」神経を張りつめて練習せねばならない。


サッチュウ先生がとうに現場を退いて、現在、この国に「畏れ慎む」チームはあるのか。きっと、ある。あると信じたい。

本日、この場所に登場した強豪はどうだろうか。なにより、ことし、ワールドカップの予選を迎える胸に桜のジャパンはどうなのか。


日本代表の栄えある人たちよ、どうかラグビー競技を畏れてください。ラグビーの残酷さに、どうか、恐れわななないてください。韓国にも香港にも相応のチャンスはあります。「なんとなく」では勝てません。悲観的に準備して、それを土台に大胆に勝負してください。

ラグビーはオソロシイ。
だから、我々は、ワールドカップ本大会で、ウェールズを倒すことができるのです。

初出＝「RUGBY観戦ガイド」１９９８年1月。『ラグビーの世紀』（洋泉社）所収

かつて巨人がいた

ラグビーのワールドカップが終わった。至福の時間は過ぎたのだ。わがジャパンの無策のままの敗退は無念の極みだが、それを知れたのも「決闘場」ならではと感謝したくなる。「これで勝負」の決断を置き去りにして時間切れを迎えたジャパンの惨状。ウェールズを敵地で破ったサモア、アイルランドを失意の底へ突き落したアルゼンチン、そしてニュージーランド国民を喪に服させたフランスの、それぞれの金星。最弱国と目されたスペイン、ウルグアイの「巨象」南アフリカへの猛タックル。

忘れがたき挫折と栄光に遭遇するたびに、すでに亡き巨人のことが思い浮かんだ。

大西鐵之祐である。

「日本人なんてのは、そもそも戦いには向かない民族なんだ。歴史的に考えても日本人が何かことをなすのは命懸けになった時だけだ」

だから、1968年にオールブラックス・ジュニアを破り、3年後にイングランドと3－6の大勝負をする元日本代表監督は、ジャージィを塩で清め、水杯をたたき割って、ロッカー室から選手を送り出した。それくらいしないと外国人の闘争心にとても立ち向かえないのを自身の戦争体験で熟知していたからである。

「魂の入っていない技術は真剣勝負では何の役にも立たない」。これも口癖だった。残念ながら今回のジャパンはその域に届いていなかった。選手個人の「魂」は、チームとしてのそれに昇華されることなくピッチをさまよった。

どうかアナクロニズムとあきれないでほしい。

いかにテクノロジーと情報が浸透しようとも「魂」が勝負を分けることをサモア、アルゼンチン、フランスの快挙は証明した。

プロ容認のオープン化の影響もあり、体力は鍛え上げられ、合理的な攻防理論も練り上げられた。しかし、どの強豪国も均一化されかけた時、栄光と挫折を隔てたのは理屈を超えた気迫と団結だった。

気構えだけではない。チームづくり。戦術とそれに応じた技術。これらにおいても大西イズムは頭から離れなかった。

バックスがつくったポイントにFWが素早く殺到してあらかじめ決められた方向へ移動攻撃を仕掛ける「拠点集中」。この「大西理論」の中核こそ優勝のオーストラリアの大きな特長だった。

かつてジャパンのお家芸だった人数を減らしたラインアウトは、参加各国に浸透。ウェールズはボールを持った選手がぎりぎりまで相手防御に近づいて「擦れ違いざま」の突破を図った。大西オリジナルの「接近理論」である。

南アフリカの練習をのぞけば、あの大男どもが両足の下から球を転がす「ハンドラック」に取り組んでいた。73年のウェールズ遠征に副団長として参加した大西がラックで球を奪われる現実を直視。団長となった直後のフランス遠征を機に考案した方法だ。

「時代背景もルールも違う」。現在のジャパン関係者は評価の高い「大西ジャパン」との比較を嫌う。

だが、この大会で明暗を分けたのは古今東西を問わぬ「普遍」であって、飽和点の次の独自性である。

大西が最後に現場に立ったのは六年前のシーズンである。早稲田大学の一コーチに名を連ねたが優勝には届かなかった。しばらくして主将とマネジャーが自宅を訪ねると、七十歳を超えた老指導者は頭を下げた。

「勝たせてやれなくて申し訳なかった」

果たしてジャパンの指導陣はこの心境にあるのか。それこそが、さらに進化する次回ワールドカップへの実は出発点である気がしてならない。

初出＝東京新聞・中日新聞「スポーツが呼んでいる」1999年11月9日付

飲んで肩抱き合って

ニュージーランドの地方都市、人口14万強のハミルトンのラグビー場では、たった3日間のために10万8000缶のビールが用意される。ワインは1万8000本だ。

収容2万5800人のワイカト・スタジアムはラグビーのワールドカップ（W杯）会場である。16日に行われた日本―ニュージーランド（NZ）を初戦に計3試合が催される。丹念にビールの数を調べてくれた地元紙ワイカト・タイムズによると、つまみになるポテトフライは「アフリカ象6頭分」。すなわち計30トンがサクサクと揚げられる。白ワインによく合うサーモンは「大きな半身が600枚」仕入れられた。

観客がよく飲む。これもラグビー文化なのだ。W杯の生きるか死ぬかの勝負にあってもファンのトラブルのないことが前提となっている。歴史的に、この好戦的なスポーツのファンは平和的である。

ラグビー観戦にはサッカーのような「応援席」が存在しない。どちらのチームの支持者も交じり合うように座る。日本代表とNZ代表オールブラックスの試合では実力差があるのでファンが隣同士に座っても不思議はなさそうだが、たとえば、10日にあったヘビー級の激突、イングランド—アルゼンチンでも事情は同じだ。13—9でイングランド勝利の大接戦、両国には「フォークランド紛争」なんて過去もあるのに終了後、こんな光景がテレビ画面に映った。

イングランドを応援する観客がアルゼンチンのファンの目の前でおどけて踊ってみせる。「これがサッカーなら」。筆者がつぶやくと、すぐ横の放送関係者が言った。「血が出る」。だいいち両者は厳重な警備によって近寄れないだろう。

サッカー界もさまざまな努力により一時のフーリガニズム（観客の暴力傾向）の暗黒期を乗り越えた。ファンのある種の「攻撃性」もまた魅力ではある。

ただ、ことに観客席の文化に関しては「ラグビーはいいな」とW杯取材のたびに思う。喉が乾いたらビールを自由に流し込み、隣の席の「敵」とそのまま近くの酒場で延長戦に励める。
昨今は日本の試合に「応援席もどき」が存在する。全国大学選手権や早明戦で国立競技場のそれぞれゴール裏に両校のファンを振り分けようとした。企業色の強いトップリーグもどうしても固まる。強制ではないにせよチトさみしい。それはラグビーではない。

初出＝東京新聞・中日新聞「スポーツが呼んでいる」２０１１年9月20日付

エディーのラグビー

あなたのまわりにいませんでしたか。いや、いまもいるはずだ。朝から晩まで、自転車をこいでも、雨に傘を開く瞬間にも、ラグビーのことを考えている。

せっかく目の前にレアのステーキ肉が供されたのに、つけあわせのブロッコリーをフォークの先で動かしながら、つい皿の上に「スペース」をつくってしまう。甘く煮えたニンジンでそのギャップを抜きにかかる。

そういう人です。

エディー・ジョーンズは。

昨年、オーストラリアなどで出版されたジョージ・スミスの評伝には以下の逸話がある。スーパーラグビーのブランビーズに入団、シドニーからキャンベルへ移り、初めてのプロ生活を送った。多くの選手たちは、通称「メルローズ・ハウス」という集団住宅にまとまって暮らしていた。同じブロックには監督のエディー・ジョーンズも居を構えていた。元ワラビーズ、現サントリーのターンオーバー男は述べている。

「エディーは早朝に出かけ、夜遅く仕事から戻った。大変なハードワーカーとして有名だった」

ラグビーが好きで好きでたまらず、だから休みなしでいつまでも働ける。プロのコーチや監督であるなら当たり前じゃないか。そう思えるかもしれない。でも案外、本当の本当にそういう指導者は少ない。まるで「普通の人」のように、たとえば、もうひとつしつこく試合のビデオを分析することなしに娯楽番組を見たり、選手と接するよりも、一刻も早く自分の娘や息子を風呂に入れたいと願う者がたくさんいるのだ。

エディー・ジョーンズのコーチングを大きくとらえて優れているのは「よく考え、よく準備して、決めたことは絶対にやらせる」ところにある。これもまた、そんなの当然と言われそうだが、もっと妥協的なコーチのほうがはるかに多い。

選手をよく観察する。個性をつかまえる。情報収集を怠らず、しっかりと計画を立て、方針を自信満々に浸透させる。ちっとも驚くことはない。日本の高校ラグビーの名監督、大学の優秀な週末コーチ、スクールのお父さん指導者にも、多数ではなくとも、そういう個性は存在する。エディー・ジョーンズは、超人でも救世主でもない。世界を知る「よきコーチ」なのである。

初出＝「別冊ラグビークリニック」２０１２年初夏号。
『ラグビーの情景』（ベースボール・マガジン社）所収

冬

勝者と敗者の季節

負けましておめでとうございます。

内なる高みを求めて

「ラグビーは、人間の内側にある最高のものを最後の最後まで追い求める。」ドゥニ・ラランヌ

フランスの誇る名文ラグビー記者の不朽の代表作、『フランス・フィフティーンの偉大なる戦い』(Le Grand Combat Du Quinze De France—１９５９年）の一節である。

同書は、１９５８年のフランス代表の南アフリカ遠征随行記。ラグビーにとどまらずスポーツ書の頂点に位置づけられる名著として知られており、ラランヌの正確無比な文章は、

フランス高等教育において「良き国語」のテキストとしても用いられた。
死を隣人としかねぬ激しい肉体接触のさなか、フェアを貫く理性はあくまでも要求される。小さなインターバルの連続は、いくばくかの考える時間を与え、つまり「考える人」であることを強いる。あなたは骨と肉とを凶器にしなくてはならない。しかし、あなたは哲学の学徒でもあるべきだ。

なるほど、特級ジャーナリストの観察眼が見抜いたとおり、この競技は、人間の内面にしまわれた最も良質な部分を、とことん、残酷なほどに追求する。そして、そのことは、人生のすべてを失いかねない戦争や実生活における緊急事態ではなく、競技場という限られた空間と時間のコントロールのもとに繰り返される。考えてみれば、これほど教育に適した文化もなかなかあるまい。ラグビーフットボールは、人間が本物の人間であるために不可欠な、すぐれて教育的なスポーツと定義できるのである。

スポーツと教育を安易に絡めては、なにやら説教の匂いも流れがちだ。けれども、古今、地球儀のいたる場所でラグビーは教育の手段に重視されてきた。それは事実である。
「最も魅力的で、最も背が高く、最も速く走れ、最高に頭の切れる者が、素質にさほど恵まれてはいないが強固な意志と協調心のおかげでポジションを獲得した者を必要とする。ラグビーの教育的な効果は、集団のために個人の利益を捨て去るところにある」

かつてフランス代表の監督を務めたジャック・フルーは著書でそう述べている。フルーといえば、政治を駆使して好敵手を追い落とし、「小さなナポレオン」と呼ばれた冷徹な男だが、ことラグビーそのものを語れば、かくもまっすぐな言葉を残すのである。

72年。南米ウルグアイの名門私立校ラグビー部OBチームを乗せた飛行機の墜落と奇跡の生還は、「アンデスの聖餐」として知られている。その顚末を英国人作家が記録した『生存者』（平凡社、74年）には、なぜサッカー王国ウルグアイにラグビーが厳然と存在しているかについての一文がある。（要約）

「カトリック系の私立学校の修道士には、子弟の人格教育の手段としてのラグビー・フットボールを放棄する気はまったくなかった。サッカーはプリマ・ドンナのスポーツだが、ラグビーは生徒に無言の忍耐とチームワークを教えてくれる。父兄は最初のうちは反対したが、やがてラグビーの長所を認めた」

してはならないこと。しなくてはならないこと。すべてのラグビーマンはたとえば自分より10キロも重い宿敵が眼前に迫るトライライン直前にて、それを知るのである。

ドゥニ・ラランヌは別の著書でこうも述べている。

人類にはふたつの種がある。ひとつは、ラグビー人。もうひとつは、そうでない人。

初出＝「RUGBY観戦ガイド」1997年11月。『ラグビーの世紀』（洋泉社）所収

少年を男に、男を少年に

もはや古典のように引用されるラグビーの定義がある。

「少年をいち早く男に育て、男にいつまでも少年の魂を抱かせる」

かつてフランス代表の主将を務め、引退後は彫金の芸術家として活躍するジャン・ピエール・リーブが語った。

新年7日、雪と雨のまじる大阪は花園ラグビー場での全国高校大会決勝を眺めて、あらためて、この言葉の鋭さを思った。

体も心もまだ不安なはずの年代の男の子が、奥歯を噛み締め、筋肉を凶器にし、走って倒して倒されて、ついに終了の鉄笛を聞く。勝っても負けても泣く。泣きに泣く。やがて時間が過ぎると、本当に試合前と表情が変わっている。男なのだ。

さらに監督だとかコーチだとか部長の先生だとか、大の男が泣く。仕立てのいいブレザーを雨でくたくたにしながら、顔をくしゃくしゃにして泣く。まるで高校生のように泣く。

優勝は京都の伏見工、有名な「泣き虫先生」こと57歳の山口良治総監督は、もちろん泣いている。ちょうど20年前、同校が初優勝を遂げた時の選手、高崎利明監督も38歳の男泣きである。敗れたのは佐賀工、初優勝の夢は白い湯気を吐き寒空へ逃げた。こちらも50歳の小城博監督が「今日は泣きません。泣きません」とつぶやきながら細い目を雨のしずくと涙で濡らすのだった。

記念撮影、砕氷船のごとく突進を続けた佐賀工の松本建志主将が泣き顔をやめられず、ついうつむく。「お前が泣いてどうする」。泣きたいはずの監督が髪をつかんで引き上げる。断じて都会的でない素朴な表情。それを見て、どこかの記者までもらい泣きしそうなのだった。なんだか「泣」の字だらけの文章だけれど、これは現場で雨に打たれたスポーツライターの偽りのない報告である。

そして考える。ラグビーとは人間にとって必要な存在である。少年は男になるべきだし、男は少年であるべきなのだ。

「なんにも、言うことはありません。楽しい時間でした。これで、ひとりでも多くの子供がラグビーをやってくれれば」

山口総監督が声を震わせる。

「いまの子供たちに必要なのは愛と夢と感動ですから」

愛。夢。感動。もし自分が新聞社のデスクをしていて、若い記者がこんな言葉をちりばめた文章をよこしたら、赤鉛筆、いや最近ならキーボードの「削除」で、とっとと取り払うだろう。安易で甘い表現である。

しかしスポーツの現場を多少は知る者としては、愛と夢と感動が人間を成長させる事実を否定できない。スポーツ指導の経験者なら思いあたるはずだ。勝って感激に泣く、負けて悔しくて泣く、その直後にチームと個人の成長は始まる。

見返りを求めぬ愛情を注ぎ、注がれ、高い目標を定め、その過程の困難を知性と肉体の鍛錬で解決、真剣勝負に深い感動を知る。実生活で、通常の学園生活で、味わえそうで味わえない経験である。

ことにラグビーでは、多くの若者が感動を実感できる。スクラムなど小さなコンテストが続くから、試合は小刻みに止まる。つまり考える時間が許され、アイデアが運動能力を出し抜く時間がある。荒々しい印象とは異なり、必ずしもフィジカルな競技とはいえず、肉体的資質だけが大きな割合を占めない。体の大中小、性格、さまざまな役割は用意され、いささかの勇気を有していれば、誰にだって役割はある……。

「ラグビーはやらなきゃ損をするスポーツだ」

花園からの帰り、自身はプレー経験のないジャーナリストは言った。

最後に、提言をしたい。スポーツの決勝戦、負けた側の選手も整列させて、延々と表彰式を行う「悪習」を新しい世紀にはやめないか。勝者がさっとカップを戴いて、敗者は静かに去る。それでいい。

強い雨の花園、選手が主催者による主催者のための行事から解放されたのは、試合が終わって15分も過ぎてからだった。

初出＝東京新聞・中日新聞「スポーツが呼んでいる」２００１年１月９日付。
『ラグビー大魂』（ベースボール・マガジン社）所収

きさぁ、タックルせんか

もんどりうった。倒れた。伸びた。

母親は、愛息の緊急事態に、あわてて駆け寄ろうとする。

すると周囲の親父どもが野太い声を揃えた。

「大丈夫」

タッチラインの外で見守る仲間も叫ぶ。

「頑張れっ」

ここにおいて、優しき母ちゃんは我に返る。その場に立ち止り、元の位置へ引き返すのだ。そして、あらためて自問する。

なん、あわてようとね。息子にはラグビーさせとうとよ。しっかりせんね。

九州は福岡の西郊、姪浜《めいのはま》の海を抱く公園。

師走の日曜の朝、いい時間を過ごせた。白状すれば、鼻先がつんとして仕方なかった。

腹にタックルをくらい呼吸の苦しくなった小学3年生は、泣きべそをかきながら隊列へ戻る。「頑張れっ」。相手チームの父ちゃんも大声で励ます。ジャージィの袖で、ごしごし、目をこする。下唇を突き出して涙をこらえる。

草ヶ江ヤングラガーズ。

この国のラグビーの重要な一部である。

1970年の6月に発足。当初は福岡市内の草ヶ江小学校校庭を練習場所に定め、小学4、5、6年生の総勢17名を「オリジナル(起源)」として、澄んだ空気に楕円の球を高々と蹴り上げた。

現在は幼稚園児から中学生に規模を拡大、総勢200名近くが毎日曜の活動を続ける。本日は、北九州の帆柱ヤングラガーズとの交歓会、芝のグラウンドで各学年の対抗戦が次々と繰り広げられている。

「タックルせんか」

このフレーズ、おそらく本稿にあと数度は登場する。なにしろ「タックルせんか」なのだ。同時進行の対抗戦、あっちでも、こっちでも、さまざまな立場の人物により「タックルせんか」のマントラは唱えられる。

九州、福岡のラグビーを一言でくくれば、「貴様！　タックルせんか」に尽きる。この場合の「貴様」は「きさぁ」と呼ぶのが正しい。

草ヶ江、帆柱両クラブの幼き勇士たちはすでに実践している。ころんころんと子犬のような小学1年生の試合、伝統の赤いジャージィ、草ヶ江の誰かが帆柱の前進に臆せず体をぶつけた。タッチの外へはじき出して「マイボール」のラインアウト。

すかさず補助役のコーチが言う。

「いいなー。なんか先生、そういうの好きやねえ」

ふいに愉快な記憶が蘇った。

ひと昔前、まだスポーツ新聞のラグビー担当記者のころ。全国大学選手権の1回戦で、福岡大学が明治大学へ挑んだ。ずばり力の差はある。しかし地元の平和台競技場で無抵抗のまま恥をかくわけにもいかない。

監督だったか部長だったか、ともかく福大こと福岡大学関係者が試合前に気合を入れた。

「何も心配せんでいい。君たちには福大病院がある」

君たちには福大病院がある……。これ、スポーツ史の隠れた名言ではないだろうか。

さて、2002年の暮れ、福岡の少年ラグビーは微動だにしない。

「きさぁ、タックルせんか」の嵐。また嵐。

こちら北九州より参じた帆柱チームも、溌剌として気持ちがいい。グラウンドの内側の選手の表情は甘く優しい。つまり東京の世田谷あたりとも、ちっとも変わらない。ただし、線の外の関係者には、そこはかとなく、威勢のよい土地柄の鉄火の気風は漂う。

「あー。2人目が大事なのに」

ある母の嘆きだ。

ひとりがタックルされて地面に倒れる。次のプレーヤーが球出しの質を決める。モダンなラグビーの焦点である。推定32歳の主婦はその真理を知っている。

それにしても周囲の母親のたくましいこと。太っているのではない。体格がいいのだ。そのままフォワードを編成してウェールズの炭鉱町へ遠征させたい感じ。

「駄目やね。まだ3年は」

観戦の4年生が生意気に解説する。

「お前の弟、3年やないと」

「いや2年、スタンド（オフ）ばしよう」

2年、3年、4年、きっと大きく違うのだ。

全速力で向かってくる人間に飛び込み、地面を転がる球へ頭から飛びつく。たまの休日、コンピュータのゲームともテレビ三昧とも訣別し、膝小僧にすり傷をこしらえて、朝の寒さに凍える。

楽ではない選択だ。

だから、1年坊主でもキックオフの笛が鳴れば尊敬の対象である。眺める親が我が子を無条件にリスペクトする雰囲気は、このスポーツならではだろう。うまいからでなく、ラグビーを続けている事実が誇らしい。

かつてのフランス代表主将、ジャン・ピエール・リーブの至言を思い出す。

「少年をいち早く男に育て、男にいつまでも少年の魂を抱かせる。だからラグビーは格別なのだ」

草ヶ江ヤングラガーズは「スクールでなくクラブ」をうたっている。研修を受けた父兄がボランティアでコーチ役を務め、必ず「自分の子供とは異なる学年」を担当する。

なんの欲も得もない。ただ愛情と情熱が支えである。そうして、たとえば、現役の日本代表、村田亙（ヤマハ）や月田伸一（リコー）をはじめ幾多の一流選手は育まれ、そうでなくとも、確たる人材を世に送り続けた。

ともかく「タックル」なる成長の儀式を乗り越えた者が、社会へ拡散してくれる。腰砕けと不正不実のまかり通る世相にあって、大袈裟を承知で決めつけるなら、いささかの救いなのである。

夜。港のそばの秘密の一軒で、鯨の胃袋に鯖の刺身を楽しみ、そのまま豚足唐揚の名物店を襲う。ゲストは、旧知の草ヶ江ヤングラガーズOBである。

「幼稚園の時、平和台の石垣登りをさせられて。なんで、こげなことせないかんとって、物心つく前に思ってました」

父は息子にサッカーをさせるつもりだった。ところが、某日某酒場で草ヶ江ヤングラガーズの関係者に説得される。

「男の子はラグビーよ」

かくして涙と笑いの日々は始まる。

日曜の朝、ホンダの赤いクイントに兄弟が押し込まれる。練習へ出発するのだ。

「もう行きたくなくて。ワンワン泣いた」

真冬でもヤッケは禁止。かくかく震えて、短パンで走る。きさぁ、タックルせんか！

博多の言葉で「のぼせもん」。男の祭り、山笠の流儀で、万事にのぼせあがり、ぐんぐん沸騰するのが土地の掟だ。コーチはおっかなく、むちゃくちゃで、とても温かかった。

いつか、あるコーチは日報に記した。

「君はスタミナがないから、ひとつ秘策を授けてしんぜよう。風呂に1分間潜れ」

小学生の合宿は、のちにサッカーのカメルーン代表を招致する大分の中津江村や湯布院で張られた。

「たった3泊4日なんですが、小さい子供なりに達成感があるんですよね」

打ち上げ前の恒例のランニングでは「馬糞の中を6キロ」も駆けた。転機は4年生、みんなの前でタックルを誉められた。アイデンティティーの獲得。俄然、意欲がわく。

そもそもボールを抱えて思い切り走っても構わない競技は、ありそうでない。人間にとって、とりわけ子供には、ラグビーは絶対におもしろいのである。

ワンワン泣いていた幼児、森英俊は、いつしかラグビーに憑《つ》かれた。

福岡高校—早稲田大学と球を追い、堅実なウイングとして奮闘。最終学年は大学選手権準優勝、同期の中竹竜二主将をはじめ、福岡や北九州のさまざまな少年ラグビー出身者がチームの中核を成していた。

卒業後、故郷へ帰り、現在は28歳。あまたの銘菓で知られる実家の「如水庵」を継ぐ。

「考えてみれば、親父が飲み屋で草ヶ江の関係者と会わなかったら自分もラグビーと出会わなかった……。感謝したいし、不思議な気持ちにもなります」

ところで学生時代の森英俊にスタミナの難はなかった。あれ以来、「1分潜り」を欠かさなかった成果は表れたのである。高校も大学も厳格なクラブだった。たまに苦しくなると、こう言い聞かせたそうだ。

「草ヶ江の合宿を思い出せ」

グラウンドでは6年生の試合が白熱している。体の大きな子がいる。気が優しげなのは遠くでもわかる。きっと巨漢が照れ臭いのだ。球が回った。突進。ぶっ飛ばす。トライ。

少年の心を抱く中学生がつぶやく。

「生まれ変わりよーぞ」

誰かも同意する。

「おう。男前になりよーぞ」

昨今では、少子化など諸々の影響もあって、「園児に石垣登り」流の愛すべき理不尽は消えつつある。

ただし、根底に流れる精神は不変である。

草ヶ江（帆柱も）の選手はトライを奪ったのち、ほとんど喜びもせず、さっと小走りで自陣へ戻る。なんだかはにかんでいるのだ。すでに列島より失われつつあるふるまいだ。

あれは何年生だろうか。お互いに1ミリもゆずらぬ引き締まった展開は続く。

ついにドロー。さっきまで「タックルせんか」と怒鳴りまくったコーチが小声で言う。

「これで、よかと」

もとよりラグビーは教育ではない。ただしラグビーは教育になりうる。

ぶっ倒されて顔が芝にこすれた。目に土が入る。さぞや痛かろう。それに悔しい。二重の涙をこぼし、しかし男の子は起き上がる。

母も何かをこらえている。

ないより、あったほうがいい光景。

初出＝「ナンバー」２００３年１月。『スポーツ発熱地図』（ポプラ社）所収

タイソンにもトレーナーが

サントリーが負けた。まだ日本選手権を残してはいるが、トップリーグ4位、マイクロソフトカップの初戦敗退（NECに完敗）は、やはり後悔のシーズンと総括されるだろう。型の喪失、そこを要因とする評価の基準（よいプレー、悪いプレー）の混乱、ひいては選手のチームに対する信頼の低落は顕著だった。マイクロソフトカップに敗れると、ある選手は「チームの体をなしていません」と囲んだ記者に明かしたほどだ。芝の上のことをさしているようだった。しかし同時に芝の外の現実を示してもいた。

ラグビーのクラブとは、当然ながら、赤裸々な人間集団だから、結果が出なければ、それぞれの置かれた立場によって不平は噴出する。ここでは、それについては触れない。触れるだけの取材も行えていない。

気になるのは「型」の問題である。ここではパターンと置き換えてもいい。

ささやかなコーチ体験で断言できる。選手は「型」が大好きではない。

「もっと自由に判断したい」「決まり事には限界があると思うのです」

みな、そう言った。また言わなくては気持ちが悪い。自由を求めてこそ人間は人間なのだ。まして青春のただなかである。紙幅の関係で語りきれないが、ラグビーの、スポーツの究極の価値は「自由」だ。深い自由を生きるために楕円球を追いかけるのである。

もしコーチ経験者が本稿を読んでくださっているのなら賛同してもらえるはずだ。選手が「もっと自由を」と口とんがらかせたらコーチングのチャンスなのである。機会到来！　スポーツの勝負における「型」が「自由」の正反対ではありえぬ厳粛なる事実を1時間半ほどかけて説得すればよい。

サントリーは型をなくした。なくしたように見えた。従来と異なり「最初の攻撃からトライを狙う」（トップリーグ終了時点の早野貴大主将のコメント）新方針を打ち立てた。フランスのように長いパスで大きな前進を狙うイメージもあった。それは難しかった。ひとつ目の攻撃の仕掛けから「ラックにするのかしないかといった判断が入ってくる」（同主将）。試合は滑らかさを欠き、思うようにチーム構築は進まない。サントリーには日本代表の選手が少なくない。ワールドカップのための不在で、どうしても統一した「絵」は描きづらく、結果、うまい者ほど「自分の事情（自分が動きやすいように）」でプレーする傾向が出てくる。芯がぶれたのである。そして全国のコーチが愛する選手諸君に嚙み砕くように、型をなくしたサントリーからは「個性」も消えた。自由はそこになかった。

本稿筆者は自由を渇望する戦士によく言った。

「マイク・タイソンにもトレーナーはいる」

かつてのボクシング記者の実感だ。元ヘビー級世界王者、無敵ともうたわれた若きマイク・タイソンは、規律とパターンを重んじる厳格なトレーナーを解雇して、気安い友人のような人間をコーナーにつけた直後、プロ初の敗戦を喫した。2、4、6……。打つ場所を数字で暗号化していた時代、なるほど本人は息苦しく感じたかもしれない。だが、いまにして思えば、あのころのマイク・タイソンが最もタイソンらしかった。決められた番号通りにパンチを打って、なお世界が震える個性は発揮された。あれほどの肉体的才能を有して、それでも妥協を許さぬ指導者の細密な指導は欠かせなかった。

ラインアウトからはここを攻略して必ず逆目に攻める。このタイミングで球をこう出して、FBは絶対にこの角度に走り込む。そうして幾つか突破を図ると、やがて判断の瞬間は訪れる。パスか、インゴールへ飛び込むか。内側へのリターンは上からか、下からか。個性は自然に発揮されている。

「格に入って格を出でざる時は狭く、又、格に入らざる時は邪路にはしる。格に入り格を出でて初めて自在を得べし」

大正14年に発刊された早稲田大学ラグビー部の部誌『鉄笛』創刊号の一節である。かの松尾芭蕉の言として紹介された。パターンと判断、決め事と自由についての一部員の考察、芭蕉の精神にラグビー選手の心得は示されているのだと説く。すでに安易な二者択一は退けられている。つまり大昔からの主題なのである。

余談ながら、一昨年のサッカーのワールドカップ、フィリップ・トゥルシエ監督は防御のラインを前へ上げる方法を徹底させた。ベルギーとの初戦、裏をとられて失点した。続くロシア戦、選手たちは話し合い、いささかラインを下げた。これをもって「選手が監督を超えた」とする論調がしきりだった。あまりに一面的だと思った。「ずっと極度に上げてきたから大切なところで下げることをわかった」とも解釈できるはずなのに。

あるいはサントリーは「型」を出ようとしたのかもしれない。きっと志はあった。ただ厳粛な勝負の世界、結果としては、ひとまず型と自由をいっぺんになくした。失意と反省ののち「統制と応用」の凄味を獲得できるか。新しい勝負の姿を待ちたい。

初出＝SUZUKI RUGUBY「友情と尊敬」２００４年2月

スピリットは死なない。

文明は滅びるが、文化は滅びない。

大学ラグビーの歴史もそうなのだ。ひとときの栄華を誇る文明を築いたところで、それは滅亡への序曲でもあって、クラブ固有の文化、エトス（気風）が浸透しなければ未来への連続性は失われてしまう。

最近、やけにコンピュータのスクリーンを眺めて鼻の奥をつんつんさせている。調べものをしていて、たまたま福岡工業大学ラグビー部サイトの「ヒストリー」というページを見つけてしまったのだ。過去の部誌が転載されている。読むたびに澄んだ気持ちになれる。

それこそジャパンのフランス人指導者が母国で兼務に励むという滑稽なニュースに接したら、ただちに九州の工業系大学ラグビー部の「歴史」を訪ねる。ここは荒廃した街の小さく美しい公園だ。

福岡工業大学ラグビー部は、前身の電子工業大学時代の1965年に創部した。そのシーズンの全国大学選手権に早くも出場を果たす。部員わずか17名、遅れて参加の3年部員2名を除き、すべて1年生の布陣で、法政大学に挑みかかり8―27とくいさがる。後半だけなら5―11。秩父宮のファンは新顔の善戦にラグビーの美徳を思い出した。

「初陣電子工大ラガーたちの秩父宮でのタックルにつぐタックルは、いまでも目に灼きついて消えることが無い」（部誌『スピリット』より）

筆者は、初代監督、久羽博その人である。明治大学で北島忠治監督の薫陶を受け、戦後間もなくSOで活躍した。新設ラグビー部を全国レベルへ引き上げ、ここが大切なのだけれど、ただ選手を集めた「文明」でなく、ラグビーとは何かを問い続けて「文化」を創造した。

翌シーズンは福岡工業大学に名称変更、優勝候補の日本体育大学とぶつかり5―30で敗れる。日刊スポーツの佐野克郎記者（当時）が部誌に記している。

「ゲームが始まると、スタンドは異様な感嘆の声に包まれ、記者席でも『こりゃすごい』

という声が出てきました。地をはうように低い姿勢から突っ込む福岡工大フィフティーンのタックル。これが東京のファンの目を丸くさせたのです」

創部3年目のシーズン、こんどは関西2位の関西大学と戦い、とうとう白星を挙げる。26―9。続く準決勝では前年度王者の早稲田大学と対戦、17―49と大敗を喫するも、後半は互角に近い展開で「スタンドから万雷の拍手と声援を受けた」。

当時の部員の大会参加記を読むこともできる。

岩崎重敏、管理工学科2年、福岡電波高校出身。12月29日、粉雪舞う博多駅を寝台特急「さくら」で発ち、明けて車窓を眺めて。

目をさますと、名古屋過ぎ。車窓に浜名湖が群青を呈してわずかに白波を立てているのは、いかにも冬の湖水らしい。新幹線が並行して走り、後から来た「ひかり」にアッという間に追い越された。

風景の描写なのに、どこかチームの清々しさ、すべきことをしてきた充足感のようなものが伝わってくる。いいクラブだったのだ。絶対に。

このときの早稲田の藤島勇一監督の寄稿には「学生選手権の開幕前、参加校を集めてのミーティングで福岡工大は堂々と新しい部歌を合唱した。その態度はおめず臆せず、実によかった」という一節がある。指導者がおのれの保身を気にとめず、ただそこにいる学生とラグビーのために情熱をたぎらせなければ、こういう雰囲気は醸成されない。

そして久羽博監督の寄せたいくつかの文章からは、信念をくるんだ繊細な感受性がたちのぼってくる。たとえば以下のように。

ラグビーとは、ある意味ではおそろしいスポーツだとも、ふと思うことがある。血のにじむような努力、研究、練習、体力、人格、頭の回転、精神力、人間性等綜合したものを、人前にさらし臆面もなく、相手チームと比較展示し、勝敗によってその優劣の判定がきまっているのではないか、と思うと、おそろしいような、はずかしいような気持ちになることがあるのだ。（略）おのれの人間力の未完。不足を気づきながらも、なおもラグビーにたずさわり、つづけようとしている、すこしはずかしいこのごろである。

最後のところがよい。

福岡工業大学ラグビー部にも浮き沈みはあった。学内事情の変転、入試難、長らく創成期ほどの戦績は残せていない。しかし、よちよち歩きの時代に「日本の全大学の中で、君たちにしかできないことがあるのだ」と無名の青春に火をつけたスピリットは不滅である。不滅だと信じたい。

卒業生、東芝ブレイブルーパスの主将、冨岡鉄平の存在こそは証明ではないか。

初出＝「ラグビーマガジン」２００６年11月号。
『ラグビー大魂』（ベースボール・マガジン社）所収

「暗黙の絶対」を捨てるな

いつか「ラグビー精神」という言葉が盛んだった。そろそろ死語の隊列へ加わる。対戦相手に敬意を払う。だから試合後は、敵味方が一緒になった「交歓会」を欠かさない。遠征先では、おざなりでなく交流するため、その土地へ必ず一泊する。レフェリーに仲間としての敬意を払い、その目が届かなくとも「汚いこと」はしない。以上のような伝統は、およそ十年前のプロ容認の影響もあって、世界的に消えたり形骸化しつつある。

ラグビー精神に、教条的なイメージはつきまとう。紳士としての言動を心がけ、部外者を冷たい目で見る。サッカーの万事に寛容な開放感とは別の価値に生きる。
日本のラグビー史においても「観客は拍手すべからず」なんて、本場のマナーが「誤訳」されたりした。堅苦しく「精神」をとらえていたのである。応援チームの敵の選手がPGを狙う場合でも、ブーブー騒いだりせず、お互いのファンが黙って見守るような文化は、国内外を問わず最近まであった。万余の観衆が無人の聖堂のような静寂を保つ。いい光景だった。

ラグビー精神が危ない。

2006年12月16日のトップリーグでも退場処分が課された。前半16分にNECの選手が、地面に寝ているサントリーの人間の頭を踏みつけた。サントリーの快勝が数的優位の範囲を超越していたので救われはしたけれど、やはり大一番の興奮はそがれた。翌日の全国大学選手権でも、王者の早大が、ここ二試合で三枚目のイエローカードをもらい、別の試合の他校にも、倒れている相手の手を踏む選手がいた。カードはラフプレーや非紳士的行為のみが対象ではなく、早大とて暴力を働いたわけではない。それでも、どこかで緊張と誇りのネジは緩んでいる。

そういえば、次のような美しき場面も消滅した。ケガで選手が倒れると、相手チームのキャプテンが駆け寄って、治療が終わるまで付き添う。倒し倒されの死闘の最中に、敵将がヒザをついて手を差し伸べる。かつてはラグビー特有の風景だった。儀礼といえば儀礼だが、儀礼のまるでない世界はささくれだつ。ラグビーのフィールドも、紳士の儀礼によって、暴力への志向が抑制されていた。

個人的にCS放送の解説をするのだが、放送席のイヤホンに集音マイクを通して飛び込んでくる選手のレフェリーに対する言葉遣いは、荒れた学校の荒れた生徒のそれである。ラグビー精神。抵抗を覚える響きだ。でも生き残ってほしい。なぜなら、それは「性善説を前提とする絶対の価値」だからだ。計三十人もが、激しい肉体接触をともなう競技を、単独のレフェリーと、解釈の幅の広いルールのもとで行う。「そもそも人間はフェアプレーをする動物である」という了解がなくては、とても成立しない。

最悪は「性悪説を前提とする相対の価値」の支配である。レフェリーへの試合中の暴言も、反則した相手に報復を見舞うのも「それぞれの心の問題」と相対化してしまえば、もはや芝の上はジャングルだ。残されるのは、細分化された罰則と裁判資料の山である。

社会生活における「精神」の押しつけは息苦しい。しかしスポーツという非日常にならば「暗黙の絶対」はあってよい。

初出＝東京新聞・中日新聞「スポーツが呼んでいる」２００６年12月19日付。
『楕円の流儀』（論創社）所収

リンゴ球菌。

冬は冬らしく、まだ寒かった。

北関東の師走の風は、本当に氷の粒のように頬に刺さった。もう21年も前だ。駆け出しスポーツ記者は、群馬県太田市のどこかのグラウンドで、もしかしたら自分の人生を少しだけ変えたのかもしれない光景と遭遇できた。

いま心より感謝している。

花園出場を決めた新潟高校のラグビー部が、地元、太田工業高校との練習試合に臨んでいた。フェアでないような気もするが、いつの時代も新聞やテレビは「進学校の快挙」に弱い。さっそくデスクから「群馬で新潟高校が合宿してるらしいから取材して書いてみろ」と命じられた。

試合展開は忘れてしまった。

「ケンタカ」と呼ばれる新潟のタックルが低かったのは覚えている。

蘇るのはいくつかの断片である。

押されっ放しの太田工業の監督さんがタッチラインに沿って怒鳴りまくり、ダミ声と襟の立ったトレンチコート姿が「漫画に出てくる鬼コーチ」みたいだった。

ノーサイド。新潟が勝つと、すぐに体を冷やさぬための整理体操を始めた。そのときの選手たちの顔つきに「やっぱり秀才君だなあ」と記者にしては平凡な感想を抱いた。

そして、このコラムの筆者を数年後にはコーチングの道へと駆り立てるキッカケとなる場面が始まった。

新潟の監督さんが片側のロックを呼んで「キックオフのキャッチングがよくなかったから少しだけやっておこう」と言うと、そのままフワーッとボールを放り上げた。フワー、フワーッ。ひょろひょろのロック君が半身でジャンプしてはつかむ。1回、2回、もう1回。そのフワーッという感じがよかった。

なぜかジーンときた。

試合中、新潟の山中直樹監督は、じっとグラウンドの教え子を見つめていた。そして、たったひとりに対して、ひとつだけの反省練習をした。あの瞬間、ラグビーを教えてみたいと意識のどこかで思った。

約2年後、都立国立高校でコーチを始め、5年後からは新聞社を辞めて無給フルタイムで没頭、その後の大学の指導を含めて計12年間もグラウンドにばかりいた。フワーッがすべてではない。でも間違いなく「コーチへ」の理由のひとつだった。

２００7年8月12日、新潟高校ラグビー部創部60周年の式典に招いてもらえて、うれしいことに、山中直樹先生との再会がかなった。すでに定年されていた。

山中直樹さんは、高校ラグビーの名指導者だ。東京都出身、日本体育大学時代はアメリカンフットボール部で活躍、いわゆる国体要員で新潟へ赴任した。南アフリカの指導者、ダニー・クレイブンの名著『クレイブン・オン・ラグビー』を伝手《つて》を頼って入手するなど独自の勉強を重ね、新潟工業高校を率いて11度の花園出場、二度のベスト4入りを果たす。異動で新潟高校へ転じれば、往年の京都大学名ＢＫで、新潟ラグビーの魂、関根彰圓部長との強力コンビで、文武両道を旗印に2年連続の花園へと導いた。

式典で、山中先生の短いスピーチがあった。現役部員がその場にいなかったのは少し惜しかった。元監督は、こう新潟高校ラグビー部へ提言したのだ。

「ぜひ未来を創造するラグビーをしてほしい。そのためにはルールを先取りすることです。ルールの変遷を見ていると、パワーとスピードに対して大変に優しくなってきている。ならば新潟高校はスピードを極めるべきではないでしょうか」

21年前と同じように感動した。

借り物でない言葉。実感。勝負から逃げない気概。そうなのだ。未来を創造するのだ。それが生きるということなのである。

山中先生が、かつての教え子と語り合っている。耳を傾けたら、こんな話だ。

「私が転任してきてすぐ、彼が保健体育の試験の答えに戯れで『リンゴ球菌』と書いたら、先輩の体育の先生がマルをつけた。リンゴと書くのはブドウとわかってるからだと。いい学校だなと思いましたね」

夜。有志とアルコールの旅を続ける。同校ラグビー部OBの営む酒場「ワラビー」に昔の仲間が集まってくる。話題のドキュメンタリー映画「自転車で行こう」の杉本信昭監督も、かつてSOでキャプテンだった。

「僕らのころ、山中先生は新潟工業の監督でしたから。強くて歯が立たなかった」。部員の自主性に任された時代、それでもケンタカの同期は30人も入部した。どうして？

「ジャパンとイングランドの6対3のゲーム、あの2年後の入学だから人気があった」

ワールドカップ開幕。ジャパンが未来を創造できれば、未来の映画監督もラグビーを始めるだろう。

初出＝「ラグビーマガジン」２００７年10月号。
『ラグビー大魂』（ベースボール・マガジン社）所収

元「タックル」編集者。

ナポリで、ニューヨークで、どちらもタクシーの車中で、その人を見た。

チェ・ゲバラである。

本名、エルネスト・ラファエル・ゲバラ・デ・ラ・セルナ、キューバ革命の指導者にして、若者の永遠の偶像であり、地球上のあらゆる場所にその顔写真は飾られている。

チェ・ゲバラは、熱心なラグビーの愛好家であった。アルゼンチンのコルドバに育ち、持病の重い喘息と戦い、酸素吸入器の力を借りながら愛する楕円の球を仲間と追いかけた。ポジションはＷＴＢやＣＴＢ、きゃしゃな体型ながら肘を高く張ったタックルは強かった。

そして、後年のゲリラ戦の英雄は、ブエノスアイレスの医学生の時代、その名も『タックル』という名のラグビー雑誌を友人たちと立ち上げて編集に熱中した。1951年の5月から7月にかけて11冊を発行、現存する希少な雑誌は大変な高値で取り引きされている。チェ・ゲバラは、みずから目次を立て、コラムを書き、筆名を変えて各種記事を執筆、アルゼンチンのラグビー界を覆う「階級主義」を鋭く批判して警察当局ににらまれたりもした。

祖先にアイルランドとバスクの血を引くゲバラは、自由な家風に育った。ブエノスアイレスに暮らす女性として最も初期にショートカットの髪型にしたとされ、公衆の面前で初めて脚を組んだともいわれる母親のフェミニズム思想の影響は小さくなかった。

14歳、詩や文学にひかれながらマルクスとエンゲルスの著作にも読みふける。ちょうどそのころラグビーによって体にダメージを受けて父からプレーをあきらめるように諭されたこともあった。

チェ・ゲバラは、すると、こう答えたのだと、ロンドンの『デイリー・テレグラフ』紙が紹介していた。

「いつかラグビーによって命を落とすようなことになったとしても、僕はプレーすることを愛しているんだ」

51年暮れ、ラグビー仲間でもあるアルベルト・グラナード（のちにキューバへ移住、いまも健在で同国ラグビー協会のパトロンの任にある）とモーターバイクによる有名な南米旅行へ出発する。専門のハンセン病の現実に接する当初の目的は、貧富の格差解消には「武装闘争あるのみ」という強い信念へと昇華する。いったん帰国、医師資格を得ると、さらに旅を始め、やがてメキシコでフィデロ・カストロと出会った。

革命家ゲバラの誕生である。

56年、12月2日、グランマ号、キューバ上陸。つい5年半前、タックル誌の編集会議につばを飛ばした医学生は、かくして歴史上の人物となる。

アルベルト・グラナードの証言。

「彼の父親は言っていた。エルネストは、ラグビーから学んだチームスピリット、規律、敵への敬意を忘れることはなかったのだと」（デイリー・テレグラフ紙）

パリの新聞、『ル・パリジャン』のジャン・コルミエ記者は、07年ワールドカップでの各国ジャーナリストの世話役を買って出て、日本からの取材者にも親しくしてくれる。このベテランには、ラグビー書のみならずチェ・ゲバラについての著作もあり、祖国の先達に関するアルゼンチン代表アグスティン・ピチョットのコメントを引き出していた。

プーマスの主将は言う。

「彼と同国人であることに誇りを抱いている。チェは、ゲリラ戦に我々のスポーツから学んだ戦術を用いていた。私にとってはアルゼンチンのラグビーの象徴なのです」

そうか。やっぱり好きなんだ、ゲバラ。こうなると、アルゼンチンの躍進、つまり世界ラグビー史における革命と、チェ・ゲバラの革命を結んで文章を仕立てたくなってくる。

ピチョットのコメント。

「彼は変化を見たかった。我々も変化をまた見たい」（前掲テレグラフ紙）

いいぞ。狙い通り。ところが、さすが聡明にして冷静で鳴るSHである。ちゃんと、こう言葉を継ぐではないか。

「彼の運動は、不正な政府を倒し、社会を変革し、死をともなうほどの戦いでもあった。我々のそれは、ただ、もっと評価に価するラグビー選手であるということを証明しているだけなのです」（同）

チェ・ゲバラは、67年の10月、ボリビア山中で政府軍により処刑された。そして39歳の死より40年、なお思想信条を超越しつつ人々のイメージに生き続ける。

さてチェ・ゲバラについての文章を読むたびに、どうしてか、日本の大学ラグビーが思い浮かぶ。最近では、大学生なのに父母会めいた集まりが形成されるらしい。はっきり書くが薄気味悪い。元ラグビー雑誌編集者エルネストは、自立した若者として社会の矛盾に動いた。すべてが正しいわけでなく、過大な評価も事実だが、ともかく親は子を信じて静かに遠くより見守ったのである。

初出＝「ラグビーマガジン」２００７年12月号。『ラグビー大魂』（ベースボール・マガジン社）所収

級長の末裔

―福岡高校、散った―

西暦２００８年11月８日、福岡県春日市、春日公園球技場、いま薄日が差したのに、たちまちナマズ色の雲に覆われ、やがて細い雨も混じる。少し冷えた。

午後１時４分。キックオフ。そこから前後半30分ずつ、まったく透明で、無菌で、なのに血、出血ではなく、少年の体内をごぼごぼと流れる血、その美しくて残酷な音の聞こえてきそうな時間は過ぎた。

15対38。

福岡高校ラグビー部は散った。

惜しくも?

いや、ただ散った。

散るつもりなど小指の先ほどもなかったけれど、ただ散った。花園へつながる準決勝を突破できなかった。翌朝の新聞の福岡市内版に結果だけを追ったならば「完敗」とくくられるスコアに散った。

昨年度全国制覇、東福岡高校の実力は確かだった。懐が深く、身体能力と球技の感覚に優れ、なお準備を怠らず、くらいついてくる相手へのリスペクトを忘れもせず、自信は揺るがなかった。

よき敗者は、勝者の美徳を引き出す。

福岡高校のラグビー、それを遂行する技量と体力と魂が、東福岡高校の深いところの強さを戦いながら磨いた。そんな試合だった。

表彰式が始まった。

真紅の胸に白線が二本、福岡高校の伝統のジャージィの胸は張られ、背筋が伸びた。

主将、松下彰吾、13番、その表情を描くだけの語彙を持たない。どうか「いい顔」で許していただきたい。世にも、いい顔。直視したら、たまらず涙腺はゆるむので、つい目をそらすほかなかった。

無念、自尊、愛情、矜持、感謝。歓喜と悪徳を除く人間のあらゆる感情は、高校3年生の全身に凝縮した。

スポーツの場にあって、いたずらに「伝統」を賛美したり、ふりかざしてはなるまい。新しきチームにも「更新中の伝統」はある。いまそこにいる人間こそが最優先だ。

しかし、これだけは確かである。

ここに福岡高校のラグビー部の伝統は生きている。

つくづく、チームとは、ひとりの人間であって、クラブとはそのまま人間の一生なのである。


1924年、大正13年、新聞に初めて「天気図」の載った年の7月11日、福岡の、いや九州の、いやいや日本のラグビー史にとっての大切な号令が、旧制福岡中学の体育・教練担当、中園淳太郎より下された。

「級長集合！」

3年生以上の正副級長が集まると、陸軍士官学校卒業の元陸軍大尉であるところの名物教師はおごそかに宣した。

「本日から諸君はラグビーを始めなくてはならない」

こうして九州の旧制中学に初のラグビー部は誕生した。もちろん初代部長は中園淳太郎その人である。

『千代原頭の想い出　福中・福高ラグビー五十年史』には、創部時の部員による次の内容の一文が残されている（要旨）。

「福中先輩の早稲田大学生からラグビーを紹介されると、中園先生は、審判に対しては絶対であり、雨にも負けず、時間厳守、試合中の負傷者の補充を許されない、といった紳士的・男性的特質に目をつけられた。そのころライバルの修猷館中学とは勉学では拮抗しながら、スポーツでは劣勢だったので、先生は、これで一歩先んじ、劣等意識を払拭できると考え、校技にまで育てる決意をされた」

同年9月30日、春日原での初試合、福岡中学は、大分高等商業を3対0で破る。ここを源流に、現在に至るまで全国制覇が三度、新島清、麻生純三、土屋英明、土屋俊明、山田敬介、現監督の森重隆、豊山京一、九州電力ヴォルテクスを率いる神田識二朗ら日本代表経験者をはじめ、まさに枚挙にいとまなし、あまたの名手、名指導者を輩出した「福中・福高ラグビー」の歴史は始まった。

文武両道。

これをいわば表の精神とするなら、もうひとつ、創成期より福岡高校ラグビー部に連綿と流れるスローガンは次の一語である。

気合！

その具現としてのタックル。

きさん（貴様）、タックルせんか。


２００８年の春日公園球技場。

キックオフが迫る。

あちら東福岡高校の選手たちは一糸も乱れず、周到に用意されたウォームアップを時計仕掛けのごとくこなしている。

こちら福岡高校の面々は、幾分、のんびりしているように映った。しかし、キャプテンが集合の声をかけるや、雰囲気は一変、たちまちエネルギーは束となった。

古くからの応援歌「千代原頭」の合唱がインゴールの円陣で始まる。

千代原頭／緑をこめて／紫映ゆる／玄海の濤／十万夷狄の／血に肥えし／勇者九州男の

／誓いは固し
熱球血をすりて／虚空に狂い／若き勇士の／肉弾の声／組みて倒るる／砂煙／春日原頭／笛の声高し
血に酔い肉に飽く／赫土の中／筑紫の山野／金風高し／肉弾相搏つ／争覇戦／共に謳わん／勝利の春を

激しく、勇ましく、気高く、どこか物悲しいようでもある。すぐそばで、次の試合に備える筑紫高校のメンバーたちが遠巻きに見入り、聞き入っていた。茶化すわけでもなく、奇異の目でもなく、素直に敬意の視線を送る。その様子が大変に感じよかった。筑紫、きっと、いいチームだ。

キックオフ。

すぐに福岡高校（以下、試合中の描写では福岡）の熱球血をすする決意、そして東福岡高校（以下、東福岡）の深い森のごとき自信はわかった。

まず書き残さなくてはならないのは、福岡のディフェンス、すなわちタックルである。物理的にはありえぬが、どう記せばよいのか、重い液体がビューッとパイプを流れて強力な磁石にぶつかる。そんな感じだ。突き刺さるというより、相手の体の一部をこそげ落としてしまう。ヒットは硬く重い。それも単独でなく複数で。福岡の赤のジャージィは例外なく、近くで動く東福岡の深緑色にその瞬間に飛びかかった。

タックルするけん。そんな気負いもなさそうだ。意識すらないのでは。ただ息をするようにビューーッと追い込み、バチンと倒す。

そういえば前掲の『五十年史』にこんな一説があった。大正15年、初の全国大会出場を果たし、大阪の天王寺中学とぶつかった。試合前夜のミーティング、中園淳太郎部長は言った。「刀で相手の胴を切るのではない。腕で相手の胴を切るのだ」。健闘およばず敗れるも、毎日新聞はこう書いてくれた。

「福中は磨かれざる玉、九州男児の意気あり」

東福岡の巧みに力点をずらした体当たりにも勢いは増す。ただし福岡も一歩も引かない。背番号6、徳永吉彦、背番号12、樺島亮太、君たちはそんなにもタックルを愛しているのか。まさしく「腕で胴を切る者」の末裔である。

福岡のディフェンスは極度に前へ出るから、裏のスペースはたっぷりだ。東福岡は何度か一気にゲインを獲得できた。もっとも福岡の側からすれば、もともと限界まで防御ラインは飛び出しているので、かなり走られたようでも横なぐりのタックルで止めると、そこは攻撃の起点の平行線上だったりする。

懐かしかった。

これはいつかのジャパンのディフェンスだ。そう。この薄日曇天小雨の午後、福岡高校は郷愁のチームでもあった。

日本式シャロー防御。浅いラインから触れられずに抜く接近プレー。15人のゴムマリのような軽快さ。ここには現在のジャパンのなくしたすべてがある。

3対12、前半終了直前、東福岡の計10次におよぶ複数回の攻撃をタックルまたタックルでしのぎ、ついに相手がノックオン。スクラムを得て、あと一プレーで終わるはずだった。しかし、ここで東福岡の試合の流れをつかみ切る集中力が発揮された。見事なまとまりでスクラムをターンオーバー、そのまま展開して切り札の背番号13、猿楽直季がトライラインを陥れる。お見事。これは間違いなく新しき王者の「伝統」のレンガの一塊だ。

後半、福岡もラインアウトとスクラムからのサインプレーで一時は追い上げる。

福岡の1年生WTB、その名も福岡堅樹は細身ながら全身がスプリングにして剃刀のようでもあった。前日、愉快な関係者が、この未来のスピードスターに関する冗談を言った。

「人間というのは脳が指令を出して筋肉を動かすでしょう。その指令があまりに速いもんやけん、ハートが置き去りにされてますもんね」

いやいや、この試合でハートは脳の指令速度にともなった。人間の成長の瞬間！

福岡は攻めればゲインを切る。だが守り切れない。ミス、反則、ハイパントの勇敢なる好捕の直後のラックでほんのわずかにこぼれた球が相手に収まるような一瞬の空白、これらが、ことごとく流れを止め、負の方向へと流れを変えた。

そういえばトライの奪われ方も、往時（60年代後半から91年ワールドカップまで）のジャパンとそっくりだ。タックル連発で粘りに粘るもとうとうなだれ込まれ、予期せぬ乱れに対応できない。劣勢にも球さえ得られれば素早い展開が観客をわくわくさせるところも同じである。

さらに付記すれば、福岡には、80年代途中までの慶應大学のような完成されたハイパント攻撃への執着、近年の早稲田大学が失ったリスタートの意識の高さと素早さもあった。ついでに述べると、大学でも、トップリーグでもあやしくなってきたレフリーへの敬意と礼節をしっかり備えていた。

71年、昭和46年6月、鹿児島。

沖縄勢として初めて参加した九州大会で、県立読谷高校ラグビー部の安座間良勝監督は生涯忘れえぬ声を聞いた。

福岡高校との対戦。創部間もない読谷は必死にくらいつくも歯が立たずに0対66の完敗を喫した。いわばミスマッチ。それなのに試合の途中、福岡の選手が叫んだ。

「いいか力を落とすな。沖縄の選手に失礼にあたるぞ」

琉球大学陸上部出身、沖縄国体のためにラグビー指導へ転じたばかりの安座間監督はびっくりした。

「ラグビーとは、こんなことを言うのか」

感動を覚え、船に揺られ、沖縄の港へ着くと、その場で宣言した。

「午後、校庭へ集合。練習するぞ」

ここが沖縄の高校ラグビーの本当の意味での出発点だった。

それは福岡高校ラグビー部にとっても大切なエピソードなのかもしれなかった。


福岡高校は負けた。東福岡との潜在力の総和では、まだまだ差があった。もっと大きく崩される危険もあった。そして、ぎりぎりのミスがミスとならず、すれすれの反則は反則でなく、完璧に作戦を遂行できていれば劇的な勝利の可能性もゼロではなかった。

いずれにせよジャパンがオールブラックス級の強豪にどうしても力届かぬのであれば、こういうふうに負けてほしいと思った。冗談でも、常套の言い回しでもなく、日本代表のジョン・カーワンＨＣは福岡高校を見るべきだった。

キャプテンの松下彰吾が敗北の円陣に声を絞り出している。「福高のラグビー部でやってきたことを誇りに思うとうけん……」。そばに寄ると顔中から各種の液体が流れ落ちそうなので、約15メートルの距離を保って耳だけ傾ける。

福岡高校―明治大学―新日鐵釜石で俊敏にして勇敢なCTBとして名をはせた男、日本代表キャップ27、現在は家業のガラス会社経営の森重隆監督が、こちらへ向かってきて、おどけてみせた。

「負けましておめでとうございます」

そうでもしていないと大声で泣いちゃうのだ。

初出＝『ラグビー大魂』（ベースボール・マガジン社）２００８年11月

小さな人間の強さ。

小さな人間には、大きなスペースがある。

ウェールズ代表WTBのシェーン・ウィリアムズの名言だ。単なるレトリックでなく、まぎれもない事実として世界へ提示してしまっているところがすごみである。本当にそうなのだ。

小さな人間には、大きなハートがある。

こちらは全世界の共通認識である。

正確には、小さな人間には、しばしば大きなハートがある。

穂坂亘をご存知だろうか。

東京ガスのすばしっこく、また、すばしっこく、ひたすら、すばしっこく、そして勇猛果敢な背番号9である。法政大学では副将を務めた。

151。ルアタンギ・バツベイの本当の体重じゃない。この人の身長である。つまり、単位はセンチ。学生時代は確か「153」だったと記憶している。充実の社会人生活で少し縮んだか、それとも正直になったのか。

もしかしたらファーストクラスの成人選手では世界最小かもしれない。プレーが最小でありえぬのは、ガスのファンのみならず、熱心な観戦者には常識である。

いつかケンブリッジ大学の監督だかコーチが、法政大学との試合後、「あちらの9番はフィールド最小であって、最大のハートを有していた」と語ったはずだ。これもレトリックを装って、その実、本心に違いなかった。

小学5年か6年、筆者は父に連れられ、当時、東京・国分寺にあった新日鐵グラウンドでジャパンの練習を見た。近くに住んでいたのだ。

アタック&ディフェンス。

大きなロックの選手が走ると、小さな男が必死に追いかけて横殴りにものすごいタックルをした。

たまたまライン際の目の前で眺めていた。

子供にも迫力と勇気は確実に伝わってきた。表現不能の音をよく覚えている。

その全身筋肉といった感じのSHは、のちにジャパンの監督としてスコットランドを破り、メガバンクにて大変な出世を遂げる。

宿澤広朗。惜しくも早逝のリーダーは、冷徹冷静な雰囲気、文武両道の軌跡で知られたけれど、人間としての地金は、でかい男をぶっ倒す、ぶっ倒せなくとも、ぶっ倒そうとする特大のハートにこそあった。

早稲田大学—近鉄の前田隆介も、たいがいの試合において、芝の上の30人で最強のタックラーであった。学生時代、明治大学の「120（キロ）」の背番号3を自陣トライラインのわずか手前、正面衝突で光景から消した。

公称「160」。キリがよすぎるのは愛嬌かしら。古今東西、SHの背の高さは「自称」である。

小さな人間は、大きな人間よりも地面に近い。

身体構造上の道理だ。

下のボールをかっさらう。おもにフランカーの任務である。ジョン・テイラー。クリス・ローチ。ニール・バック。フィル・ウォー。プロフィールは省くが、強豪国にも時代を超えて「180」に届かぬ背番号7の系譜はあって、ある種の虫のように、地中深くより楕円の財産を掘り出す。

そこに想起されなくてはならないのは「小さな人間の強さ」である。

こんな言い回しがある。

「まったく同じ能力であるなら、やはり大男は小男を凌駕する」

半分くらい、それはそうだ、とも思うのだが、でもレトリックだ。

なぜなら「まったく同じ能力」など、この世に存在せぬと信じるからである。少なくとも信じたい。

すべての能力、個性にはそれぞれの違いがある。限りなく近く、ほとんど同じでも、そこには、ほのかな差が生じる。

だから、いつだって小さな人間の入り込むスペースはある。

初出＝「別冊ラグビークリニック」２００８年冬季号。
『ラグビー大魂』（ベースボール・マガジン社）所収

愛の軌跡

まずインターネット上に残る映像で確かめてほしい。新日鐵釜石の背番号10のパスを。ふんわり、ボールは何か特別な生き物であるかのように浮き、味方に優しく、敵にとっては急所をえぐられるみたいに残酷に宙を走る。それが生卵であっても殻は絶対に割れないだろう。そうなのに、ただ柔らかいのでなく強さも感じさせるところが憎かった。

日本ラグビーの伝説、松尾雄治のパスは別格だった。

あれからざっと30年、いまシーズン終盤、あの楕円球の軌跡は絶滅の危機にある。大学ラグビーからはほぼ消えた。決定機にわずかに後方へそれる。食い込むようなスピンのパスが慣性をさまたげる。今季も何度そんな場面を目にしたことか。

トップリーグにはわずかに名人が残存している。ひとり挙げるなら、サントリーの世界的名手、SHのフーリー・デュプレアである。その球さばきは群を抜いている。「パスが立っている」のだ。だから受け手がキャッチしやすく扱いやすい。

いい選手は短いパスでわかる。人間、遠くに投げるときには気合いも入る。難しい分、注意力も深まる。つまり「いいパスを投げよう」と意識する。しかし、すぐそこの仲間に放るに際しては、どうしても気がゆるむ。ここで差がつくのだ。サッカーのキーパーへのバックパスとちょっと似ている。

デュプレアのパスは、こみいった連続攻撃のさなかにも、ゆったりとしたモールのあとでも、素早く投げても、相手にからまれそうになっても、常に優しく柔らかい。受け手に達する直前にボールがすーっと縦になる。前任者のやはり世界の顔、ジョージ・グレーガンももちろん上手だったが、もっとビュンと投げつける感じだった。

昨年度のトップリーグ決勝後、本人に聞いた。パス、立ってますよね？　とりやすそうです。スプリングボクスの元重鎮は真剣な顔で答えた。

「小さいころのコーチにいつも言われました。受けやすいパスを投げなさいと。右に投げるときは左手、左なら右手を使うのがコツかもしれません」

細部がいきなり核心と化す。ラグビーとはそういうものだ。

このコラムの筆者の高校・大学のコーチ時代のマントラは「パスは愛だ」だった。早稲田大学ラグビー部時代、当時の辰野登志夫コーチに何十回もそう諭された。きっと大昔から東伏見のグラウンドに伝承された真理だったはずだ。それを自分もまたしつこく選手たちに繰り返した。

パスを受ける人間を少しでも敵陣ゴールポストに向ける軌道を心がける。人間は人間らしいリズムのパスを受けるときに人間としての力が引き出される。ボールの動きに体が引っ張られるのが最良だ。だからビュンでなく、ふわっ。グレーガンでなく松尾雄治！

先日、かつて指導した国立高校ラグビー部の集まりがあって、ざっと20年ぶりに、テツヤに会った。元気のいいＣＴＢだった。パーティー会場の混雑をかきわけ、懐かしい声でこう語りかけてきた。

「愛のパス、なかなかできませんでした」

うれしかった。覚えていてくれたんだ。照れ隠しに「人生もまた愛のパスなのだよ」と意味不明のことを言ってしまった。テツヤは手作り家具の職人になり、テレビのない生活を家族としているそうだ。それは柔らかいのに強いパスと同じ生き方のようでもある。

我が師、辰野コーチの「パスは愛や」の声の調子、抑揚、すべてそっくりに真似できる。そういえば、商社マンだったはずのこの人のもうひとつの口ぐせは「君たちはプロや。プロらしくせい」だった。いわく「親の仕送りで暮らし、練習に明け暮れている以上、趣味の領域を逸脱している」。大半が無名の高校から受験勉強して入ったガリガリ鈍足の我々部員にはピンとこないところもあったが、もし自分がまた学生のコーチをしたら同じことを言うかもしれない。

初出＝SUZUKI RUGUBY「友情と尊敬」２０１３年１月

異端にも寛容であれ
〜自由のため〜

パリの惨劇、その後の連帯を誓う行進のニュースにあらためて思う。「表現の自由」は勝ち取るのだ。「テロを許すな」と腕を組んだ各国要人に、表現、言論の自由について問おう。あなたについて厳しく風刺する新聞にも寛容なのですね？　意に沿わぬ言論機関に圧力をかけたりはしませんね？　何人か脱落するのではないか。

昔、スポーツ紙勤務時代、あるボクサーが世界戦に敗れて、目を痛め入院した。見舞いと取材を兼ねて訪ねると、ボクサーの妻が夫に語りかけるみたいな口調で漏らした。「もっと前から見えなかったんだよね」。事実なら健康よりも興行が優先されたことになる。

当人は困った顔で無言だった。ジムの会長が急にこちらへ近寄ってきて、なんとなくないことになった。

古い話なのに匿名でしか記せないのは、気弱な記者はそれ以上、確かめなかったからだ。「業界」の雰囲気の前に自己規制した。物理的に脅迫されるわけでもないのに務めを果たさなかった。

歳月を経て新しい年、そんな元失格記者は小さな声で誓いたい。せめて寛容であろうと。ひとりの若い選手のミステイクと統括団体の組織的な不行跡は違う。愚行と悪徳を混同せず、自分が若い時に許されたことは許す。

6年前のいまごろ、ラグビーの全国選手権で優勝を遂げた早稲田大学の豊田将万《まさかず》主将が実況インタビューで、「やばいす」と若者言葉を発した。「なぜ、やばいのですか」と聞かれると「後日、文章で提出します」。ずいぶん各方面の批判を浴びた。冷笑する者も多かった。個人的にはスピーチトレーニングを施された端正さより若者らしいと感じて、激闘直後の素直な感情の発露、そこはかとなくユーモアの気配もあったと擁護論を書いた。

その2年後、本人に勤務地の福岡で会った。「本当にあの場で言葉にするのは無理だと思ったんです」。悪くなかったですよ、と言うと「褒められても困ります」。軽微な逸話だ。パリの深刻とはあまりに距離がある。ただ自由の危機はいつだって、ささやかな不寛容から始まった。

スポーツとは「違い」の表現である。同調圧力に抗する者が革新的な競技理論を創造してきた。報道は、異端、異質、愚直、率直の芽を摘んではならない。

初出＝東京新聞・中日新聞「スポーツが呼んでいる」2015年1月13日付

春

出会いと別れの季節

人類のためだ。

自由への招待

春は新入部員の季節である。

高校1年、スパイクと純白のジャージィを買って、やがて人生の友となる同級生と、おそるおそる楕円の球を投げ合った午後、あの妙に生温い風が思い浮かぶ。

ラグビー部の門を叩いてよかった。

つくづく自分の決断と直感に感謝したくなる。このスポーツは深く、重く、ちょっぴり痛く、どこまでもまとわりつく。もちろん、それが楽しいのである。

２００３年、ラグビーの宇宙へ細い足を踏み入れた新人たちに、本コラムの場を借りて、声をかけさせてほしい。

「おめでとう。あなたは幸運だ」

以下、ラグビーフットボールにまつわる幾つかの言葉を記して、いつか膝小僧を擦りむき、耳たぶをタックルでカリフラワーとしたスポーツライターからの私的な招待状に代えたい。

フランスの伝説的ラグビー記者、ドゥニ・ラランヌは書いている。

「人類には、ふたつの種がある。ラグビー人、そうでない人」

この名文家はこんな文章も残している。

「ラグビーは人間の内側にある最高のものを最後の最後まで追い求める」

かつてのフランス代表監督、ジャック・フルーは述べた。

「最も魅力的で、最も背が高く、最も速く走れ、最高に頭の切れる人間が、素質にはさして恵まれないが、強固な意志と協調性でポジションを得た者を必要とする。ラグビーの教育的効果は集団のために個人の利益を捨て去るところにある」

最後のくだり、世界に冠たる個人主義の国の、しかも、きわめて個性的な名物男が語るから迫力がある。


やはりフランス代表の名フランカー、現在は芸術家としても活躍するジャン・ピエール・リーブは、日本のテレビコマーシャルにおいて、いまや、あちこちで引用される有名なコメントを残した。

「ラグビーは少年をいち早く男に育て、男にいつまでも少年の魂を抱かせる」


小柄ながら金髪を振り乱す猛タックルで知られたリーブはこうも語った。

「ラグビーにおける最優先かつ最重要な要素、それは精神のあり方、魂」


これまたフランス、1950年代の名SH、ピエール・ダノの発言。

「ラグビー選手とはピアノ運搬業かピアノ調律師のどちらかだ。わたしはピアノを弾けたけれど」

さぞかし、うまかったのだろう。

19世紀、イングランド。発言者不詳。ラグビーとは。

「紳士によって楽しまれる悪漢のゲーム」

オールブラックスの怪物WTB、ジョナ・ロムー。

「ラックの下敷きになる。相手がスパイクで踏みつけてくる。それでも笑顔でポジションに戻る。そのためには精神的な訓練とコントロールが必要なのです。ラグビーによって、人生は規律と鍛錬だと学びました」

巨漢ロムー、日本の若き選手へのメッセージ。97年、来日時。

「ともかくラグビーを好きになること。プレーを続けること。体のサイズは関係ありません。小さくてもタフでやっかいなプレーヤーはたくさんいます」

ある早稲田大学ラグビー部員。

「ラグビーとは性格のスポーツです」

それぞれの個性にふさわしい場所は必ず用意されており、粘り、強気、楽天性、ひたむきさ、もしかしたら臆病さ、さまざまな個性の組み合わせが勝負を決する。


魂、協調性、規律、鍛錬。あるいは息苦しく感じるかもしれない。

しかしラグビーの奥には絶対の自由が横たわる。

どうしても勝ちたい。骨身を削って練習に浸り、ついに勝った。その歓喜と自由。

それでも勝てなかった。あまりに相手が見事だった。これも自由。


言い訳や「ずる」の横行する世界に本物の自由はありえない。それは「権力」や「特権」に過ぎない。エクスキューズ無用の真剣勝負。高い目標に向かって仲間と邁進、さまざまな軋轢を乗り越える過程にこそ、純粋な精神の営みはありうる。

そうでなくて、たった学生時分の数年間に球を追っただけで、一生、ラグビーとともに生きるような人類が、かくも惑星に存在するはずはない。

ラグビーは自由だ。そして、あなたは幸運なのだ。

初出＝SUZUKI RUGUBY「友情と尊敬」２００３年４月

時間と空間を超えて。

いびつな耳はパスポートである。

地球のあちこちに漂い、地下深く根を張る、厳しくて、切なくて、楽しくて、そして、甘美な記憶とあなたとを結ぶ。

同郷ですね。学校が一緒だ。

それがどうした。

でも耳たぶの形状がそっくりならば、あなたと誰かは、すでにしてかけがえのない何かを共有してしまっている。もし鼻のひん曲がり具合が重なったのなら、あなたと誰かは広い意味での同志でもある。

幸運にもラグビーという競技と出合って、向こうのほうから走ってくる大きな男（女）に肩をぶつけたり、スクラムをめくり上げられ「とんでもないところから」空が見えちゃったり、大切な試合を前に「スパイクの紐をなんべん結んでも切れてしまう」夢を見たのであれば、もうそのころには人生の永遠の伴走者は定まっている。

あなたはラグビー抜きには生きられない。

東京に評判のブラジル料理店がある。サッカー界の著名人がしょっちゅう訪れる。日系の支配人はサンパウロ育ちの穏やかな紳士だ。

実は、この人物は元ブラジル高校代表なのである。サッカーでなくラグビーのほうの。

「南米選手権でアルゼンチンと戦ったことがあります。ものすごく負けましたけど」

それまで端正にサッカーを語ってきた口調は、にわかに生気を帯びた。「11」か「14」の背番号で、家族と友人ばかりの観客の前を、それでも、キャンピージのように疾走した歳月を思い浮かべて。

2003年秋、シドニーの中国料理店でも偶然のように別の日系元ブラジル代表と面会できた。

「ブラジルのラグビーは日系人社会と深いつながりがあるので、それで母親に勧められました」

初めてラグビーの試合に出た。勧めたはずの母親は驚いた。ひとつは「タックルのあまりの激しさ」。もうひとつは「僕は、まだ14歳なのにコーチが試合後の相手チームとのファンクションでバーベキューをふるまいビールを飲ませたこと。そんな雰囲気はサッカーにはなかった」。

ちなみにサンパウロの日系チームのジャージィは「戦前のジャパンと同じデザイン」だった。

「ブラジルにも学生時代にラグビーを経験した先生がいて、その人たちの情熱でプレーは続けられてきたのです」

1995年の南アフリカでのワールドカップ決勝、エリス・パークの隣席には旧ソ連・ラトビア協会のブレザーをまとった二人組がいた。「見逃してなるものか」。まぶたの筋肉を引き伸ばしたまま目を見開き、せっせとメモをとる。かつて、ビデオ機器の存在しない時代のコーチはみんなこうだった。延長にもつれ込むと、おそらく帰国の航空便の関係なのだろう残念無念の表情で帰路に着いた。

ワラビーズを率いて91年のワールドカップを制したボブ・ドゥワイヤーの自伝（『Full

Time』）の「コーチングの戒律」にこんな一節があった。

ボールを持った者が王様だ。


どこかで同じ言葉を目にしている。

北島忠治！

「ボールを持った者がリーダーである」は明治大学終身監督の生涯の信念だった。

「ボールを持たず、また、いつボールを持つかわからないリーダーやキャプテンが『何番何番』と大声を上げるのは見ていて変なものです」

（『はじめてラグビーを志す人のために』＝日本文芸社）

「グラウンド出てボールを囲む以上は、皆一人一人が監督であり、キャプテンであり、プレヤーであるんだから、いつも自分の判断でやれっていうことを言ってるんだ」

（ラグビーマガジン１９９０年４月号「八幡山春秋」）

ドゥワイヤーは書いている。


選手に悪い判断はない。

「すべての判断は『よきもの』なのである。判断するか。ためらうのか。その選手が判断しさえすれば、サポートの仲間は１００パーセントの関係を築ける。サポートとは文字通りサポートであって（判断を）邪魔することではない」（『Full Time』）

さらにはこうも。

与えることこそ資質である。

「コーチとは結局のところ『与える者』なのだ」「自分のための頑張りや功名心は成功をもたらさない。ただ選手のために力を尽くせば、聡明な選手によってチームの仲間の信頼は生まれる」（『同』）

これもどこかで知っている言葉だ。

大西鐵之祐！

本物の闘争集団を創造した元日本代表監督は、終生、「見返りを求めぬ愛情」の価値を説き続けた。

監督としての条件にいちばん大切なものはなんでしょうか。

「そのプレーヤーのためだけのことを考えるということでしょうね。ほかのことを考えて、こうやっとっちゃあ、その人たちはついてこないんじゃないですか」

（テレビ東京のインタビュー）

シドニー郊外の庶民の家に生まれたボブと新潟出身の忠治、奈良で育った鐵之祐はひとつの線に結ばれていた。

だから、たとえばサンパウロの、たとえばラトビア共和国の首都リガの、すべてのラグビーを生きる者は、この春も土埃のグラウンドへ駆けつけるあなたなのである。

ラグビー特有の連帯と友情。

言葉にすると陳腐かもしれない。でも事実なのだ。

痛くて、辛くて、献身と自己表現を試されて、だからこその感激を味わってしまった。

そんな共通の感覚と誇りは時間と空間を超える。

これから離陸する本誌（『ラグビークリニック』）を埋めるそれぞれの方法や思考は、つまりはラグビーに対する愛の実践と表現なのである。

初出＝「別冊ラグビークリニック」２００５年青葉号。

『ラグビー大魂』（ベースボール・マガジン社）所収

長く感じる時間は。

春が嫌いなのは、もしかしたら、ラグビーのせいだ。

以下、まるで私的な感覚なのだが、「東鳩（現・東ハト）キャラメルコーン」という広く国民的支持を得る菓子が、どうしても苦手である。

甘く軽やかな香ばしさ。あれこそは、ちっとも甘くも香ばしくもなく、苦くも気恥ずかしい我が春の切ない記憶なのである。

全寮制の都立高校を卒業して、そのまま早稲田大学のラグビー部寮へ移った。さっそく練習が始まる。それは「都立最強チームのレギュラー」を自負した18歳の理解のとうていおよばぬ事態の発生だった。なにしろ先輩たちが、南の島の敗残兵のように（フロントロー陣が擦り切れた首におんぼろタオルを巻いているのがガダルカナルあたりの写真を思い出させた）汚れたジャージィで駆け回りながら「意識、意識」と叫ぶのだ。

意識！

それは「常に意識的であれ」の意味だった。漠然とプレーしてはならない。意識だぞ。意識。かっこいいなあと感激したのは、数日、いや数時間だけである。あとは自分自身の意識の衰退と戦うばかりだった。

当時の早稲田は戦力に恵まれず、戦績にも苦しんで、それでも主将を先頭になんとか誇りを保とうと猛練習に励んでいた。少し前の黄金時代のコーチ経験者は「プレーの本質じゃないところでピリピリしすぎだ」と指摘した。順風を背に受ける現在の部員が見たら「暗い」と違和感を覚えるだろう。

しかし条件の苦しい時に、過剰なほど緊張に満ちた練習を遂行したのも当時のリーダーの見識だった。

「立ち戻る場所のある」クラブは強い。そうして急降下を防ぎ、いつかは後進の躍進の根となるのである——とはコーチング論であって、渦中の新入部員はひたすら辛かった。

とことん実力世界で私用を後輩に強いるような文化はなかった。寮の食事当番も全学年の順番だった。それなのに恐怖を覚えたのは、ひとえに練習の厳格ゆえである。

そのころ東伏見のグラウンド近くの坂の上に東鳩の工場があった。キャラメルコーンの匂いが春の生ぬるい風に乗って殺伐たるグラウンドまで届き、へなちょこ1年生は、なんだか泣きたい気分になったのである。そういえば、ある部員はクラブ恒例の文集にこんな内容を記した。

「新人の春、グラウンドのまわりの満開の桜を正視できなかった」

さて、スポーツライターが、どの季節を嫌いかなんて本来なら印刷される価値はない。ただ、本年もまた列島各地によれよれと楕円球を追う新人諸君にひとこと述べたいだけなのだ。すなわち「時間を長く感じられる青春は幸福なのだ」。

中学の部活動、練習の休日があったなら、いかにも時間は早く過ぎた。球にしがみつきダミーに飛びついて、手の甲を擦り剥いた2時間半は、永遠にも感じられたのに。高校の夏合宿をようやく終えて3日間の休み、瞬く間に日は暮れて、ただちに翌朝は訪れ、もう校庭での練習は始まっている。

ラグビーのない生活はあれと同じだ。中学や高校の3年間、さらには大学4年間の歳月はたちまちのうち過去と化す。「時間を短く感じてしまう青春」である。

もちろん不慣れな環境で激しいスポーツに打ち込むのは楽ではない。なかなか口笛を吹くような気持ちにはさせてもらえない。きっと「ラグビーを離れようか」と思い悩みもするだろう。

これまた個人の思い出だけれど、大学1年の時、あるOBに「辞めたくなる瞬間はあるか」と聞かれて肯定したら、こう言われた。

「あたりまえだ。こんな練習をして、こんな毎日を送って、辞めたくならなかったら感受性に乏しいんだ」

そう。西暦2005年の青春も、おおいに悩むべきだ。悩んで、悩んで、そして踏みとどまってほしい。同じ2時間は万人に等しい長さではない。長く感じたならそれは長い。短く感じれば短い。気のせいでなしに、本当に長かったり短かったりする。それこそ時間の本質なのである。

ひととき「長い長い一日」を体験するのは悪くないと思う。長い一日を重ねて、勝負に浸り、人間を知り、難題を解決して、それも振り返れば、やはり短い青春なのだ。

最後の試合の最後の笛を耳にしたなら、いまショッンボリとグラウンド整備のトンボを引く君も、いつしか「早かったなあ」とつぶやいているはずなのだから。

精魂尽くして颯爽たり顧みるときの微笑

秋田工業高等学校ラグビー部のスローガンである。

初出＝「ラグビーマガジン」2005年6月号。
『ラグビー大魂』（ベースボール・マガジン社）所収

人類のためだ　東京大学ラグビー部員へ

あの朝、スポーツ紙記者は、前夜に酒を飲み過ぎて、そのまま知人宅に転がっていた。これから横浜の三ツ沢競技場へ向かわなくてはならない。デスクからは「第二試合の日体大―帝京からでいい」と指示されていた。だから、のんびり起きればよいのに、やはり「第一試合を見なくては」と眠い体を無理に奮い立たせた。予感があった。「きょう東大が慶應に勝つんじゃないか」。

そして雨中、スイカは躍り、虎は這いつくばった。8―6。中途入社二年目の駆け出し記者のひねり出した原稿の書き出しはこうだった。

部員が「スイカのジャージィ」と呼ぶ東大伝統の黒緑ストライプが折り重なって歓喜の輪を作った。これでもか、これでもかと勇敢なタックルを重ね、耐えてつかんだ歴史的な勝利。フィフティーンの顔はどれもクシャクシャで、意味不明の叫び声が小雨のスタンドに響き渡った。

志摩昌彦というＦＬがいて、高校時代のラグビー経験を聞いたら、首を横に振って、こう答えたのを思い出す。

「ピアノとチェロとお茶です」

このごろ、責任逃れの詭弁《きべん》を弄する高級官僚や狭量な政治家の姿を眺めては、つい、テレビの受像機に叫んでしまう。

「それでも東大か」

そのとき一瞬にせよ脳裏をかすめるのは、たとえば１９８７年11月28日、雨の三ツ沢におけるタックルにつぐタックル、ラックをめくり、またくる小柄で勇敢なスイカの塊なのである。その東大を知っているから「この人たちは本物の東大じゃない」と断じられるのだ。

数年前、元ジャパンの知人が呟いた。独り言の調子だった。

「歴史的に、自分たちより強い相手に勝ってきたのは早稲田と慶應と東大なんだよね」

なるほど。

そして、よくよく考えてみると、それこそは、つまり「自分たちより強い相手に勝つこと」こそは、スポーツの、いや、人間の最も高級な営みのひとつではないかと思われるのである。

東京大学は入学試験の最難関だ。受験勉強の優劣が人間の深いところの価値をそのまま示さないのは自明だろう。しかし、だからこそ最難関校へ進むための努力や意志や能力はまったく正当に評価されるべきだ。現実に社会的リーダーとなる。なったとしよう。そのとき、広く日本列島のラグビー仲間は心から喜べるのである。もしも、東大ラグビー部とそれを構成するひとりずつが、負けて言い訳なしの峻厳な勝負から逃げず、青春の身を焦がし尽くしたとすれば。

現実は甘くない。しかし甘くないから美しい。

最近つくづく思う。本物の知性とは、結局のところ「反体制」なのだ。なにも革命家になれという意味ではない。でも、いつも権勢に寄り添い、ただ肯定して、その限りにおいて頭を働かせ、成功したとしても、それは「賢くて要領が良い」だけではないのか。

どの立場にあっても「自分たちより強い相手にひるまず立ち向かう」。そのために知恵を絞り、心身を追い込み、軋轢を乗り越える、そんな過程が知性的な行動なのである。それは未知の難問を解決する際に求められる知性とも重なる。

東大生は絶対に真剣勝負のラグビーをすべきだ。実際にその道を選んだ部員諸君は幸運なのだ。いつか、なにがしかの役を得て、国連本部の密室で、雄弁かつ老獪で鳴るフランスあたりの大臣と一対一の交渉に臨む。そこで負けない。負けないだけの人生の「芯」をつかんでいる。

そのために走ろう。倒そう。起き上がろう。決戦までの残りの練習を日数ではなく時間で計算して、極限の可能性を追求しよう。

人類のためだ。

初出＝東京大学ラグビー部ＨＰ「Confidence」２００６年４月。『楕円の流儀』（論創社）所収

胃袋で泣いた。

都内の某所でたまたま手にできた一冊、そこにあった美しくも切ない文章は、酔余の身に、たちまちアルコールより強く、深く、染みた。

東京都立千歳高等学校ラグビー部の部史である。現在からは想像しづらいが、かつては全国大会に二度出場を果たした名門だ。

ページを繰ると、ふいに光線は放たれた。活字の並び、余白とのバランスが、こちらを呼んでいる。よき一文というのは眺めるだけでわかる。なんとなく見た目がきれいなのだ。きっと読書好きには同意していただけると思う。

年代ごとの卒業生が青春の思い出を寄せている。ずいぶん前のほうだから古いＯＢのはずだ。ページの書き出しはこうだ。

「この稿が活字になって世に出るまで私の生命がもつかどうかはわからない」

そして敗戦後（試合でなく戦争）の青春のまさに一ページは綴られる。

暑い夏の午後、校庭で行われた合宿の最終日、長細い革の球を追いかけた仲間たちが、膝を抱えるように座り込む。キャプテンの「シメの話」が始まり、もうすぐ終わろうとしている。そのとき円陣から細い腕が差し上げられた。

「キャプテン、ボク今日でラグビー部やめます。いや、やめさせてください」

以下引用。

泣かない男はその名の通り、こみあげる涙をぐっとこらえて胃袋に流しこんだ。顔の表情からは何も感じとれない。全員の瞳が私を見ている。（略）吉田さん、若林さん、角田さんが残り、私の話を聞いてくれた。例の如く若林さんが座のリーダーシップをとり、角田さんは黙々とグラウンドをほじくり、地球の裏側のブラジルかアルゼンチンを目指している。先輩曰く、地球は丸いからここで掘り進んでいくと、彼の地の女性たちのスカートが下から見えるんだと。いや見えるはずだと。ヌードどころかキスの場面も世になかった時代の若者たちの、この如何にも健康そのもののギャグの時代。しかし、その時代、私は己の生きざまを決めた。（略）笑ってはいけない。スポーツはおろか、学業すら捨てて、チェ・ゲバラのような革命家になろうと決心したのだ。やっぱり笑ってくれるか。

泣かないラグビー少年は、苦難にさいなまれる在日朝鮮人として社会活動を志した。「実家の生活は苦しさを極め」（部史の他のページより）たこともあり、そのまま夜間部へ転籍する。のちに一大企業となるモランボン・グループを兄とともに率いた全鎮植（ジョン・ヂンシク）の若き日の姿である。サクラの名を冠する競走馬、あるいは焼き肉用たれ「ジャン」ならご存知だろう。以下、さらに引用。

ラグビー部の活動に目をそむけ耳をふさぐようになった私は、間もなく定時制に籍を移し、いつも窓から練習を見ることになる。そしてたまには登校の道すがら盟友たちともすれ違う。その時どんな心境だったか今思い出してもよく分からない。しかしいつも涙は胃袋に流していたに違いない。今でも私の青春はラグビーなのだ。

1995年2月、その原稿の執筆よりほどなく筆者は天へ召された。63歳。頼りになる家族として、合弁事業をめぐり北朝鮮当局に対して腐敗をいさめた硬骨の事業家として、食文化研究家として、ラグビー仲間として、その死は、悲しまれ、惜しまれた。ちなみに、一切の献花や供物を辞した葬儀にあって、千歳高校関係者の届けた楕円球は供えられたそうである。

本稿については、公にされた部史とはいえ、いささか引用が長く気も引けたが、多くの著作のあった故人でもあり、どうか、お許しいただきたい。一読、これを広く伝えたいと思った。そのまま雑踏を分けて、コンビニエンス店へ駆け込み、ぜーぜー息をしながら、コピーさせてもらった。

あらためて思う。不要なところ皆無、ただただ実感のこもる文章の迫力は、やはり、ひとときとはいえ打ち込めたラグビー活動の充実がもたらしている。どこにもプレーの記述はないのに、しゃにむに球を追うスパイクの響きまで聞こえてきそうだ。パンツに滲んだ血の赤も見えてくる。

春。始まりの季節は、しばしば終わらせたい季節でもある。不慣れな環境でのラグビー生活は快適なばかりではあるまい。いやなこともあるさ。えい、やめちゃえ。もしも、そう考えが傾きかけたら、あの遠い夏の校庭を想像してみてほしい。

ごぼっと「胃袋に流しこまれた」涙の重さを。

初出＝「ラグビーマガジン」２００６年６月号。
『ラグビー大魂』（ベースボール・マガジン社）所収

不思議のノート。

卒業。入社、あるいは入学。終われば始まるから、春とは、つまり新しい場所で、新しい人たちとのラグビーに踏み出す季節でもある。

物理的な春が、そのまま人生の春ともなるように、ささやかな助言を述べたい。

これまで高校、大学のコーチ体験でめぐり会った教え子、というのか、共同研究者というべきか、同志には言ってきた。

「独自性こそ神だ」

コーチングにおいて模倣や翻訳に傾くと、ごまかして論文を仕上げたり協会の横文字を並べた組織で出世するのには役立つが、実際のチームは強くならない。

プレーヤーも実はそれに近い。

うまき者を模す。大切だ。文筆業でも「文体模写」とは修業の一環である。

「自分が殺される日、サンティアゴ・ナサールは、司教が船で着くのを待つために、朝、五時半に起きた」

本コラム筆者が、スポーツ紙勤務の若きころ、秘密のノートに写した一節だ。ガルシア・マルケスの『予告された殺人の記録』の書き出し。乾いており過不足なくて全体として奇妙である。つまり素敵。

ラグビー選手もまず真似てみる。

発売中の『ラグビークリニック』（ベースボール・マガジン社）春季号に「大田尾竜彦のパス」というページがある。分解写真による技術解説だ。ともかく模してみる。同じキャッチングに同じフォロースルー、そっくりの顔の向き、膝の曲がる角度。それでも、たぶん君のパスは、ヤマハの背番号10の半分の速度のまま半分の距離で落ちる。落ちて当然だ。確実に少しは近づけたが、まだまだ遠い。駆け出しの記者が、いくら書き写しても、ガルシア・マルケスの文体なんかに届かないように。

うまい人には必ず独自の世界がある。真似ても真似られない。きっと、大田尾竜彦にも独自の練習法があった。あのフォームからの自在のパスを身につけるための修業の季節が。いつか引退したら数杯のグラスとともに秘密は明かされるだろう。

ある大学の名フランカーは、後進に上達の極意をたずねられると、およそ禅問答のように突き放した。

「ふん、グラウンドにゴールポストあるだろう。ゴールポストあれば、うまくなるだろう」

よきフランカーとは、全体練習を終えて、あるいは始まる前、あたかも数十カ国で使える万能式電気プラグよろしくHポールを多面的に駆使する。

無限大の記号（∞）のようにクルクル回る。至近距離から鉄製の柱に肩をぶつける。その柱に肩をつけて、地をはう姿勢を保ちながらひょいと体を後方へ開く。たいがいボールは不要だ。ひとりで、ひたひたと独自の練習法は繰り返される。

よきフルバックもそうだった。

Hポールの横のバーを越えるように至近距離からキックして、それを反対側で受ける。なんべんも、なんべんも。変哲はない。しかし反復すると自分だけのリズムをつかめる。ポンと蹴り上げる感覚、蹴って、すぐ動きだす感覚、ボールの落下の軌道や時間を察知する感覚。単調な動作から、その人ならではのタッチ（他にない個性）は引き出された。

元日本代表主将の横井章さんは、大阪の大手前高校ではバスケットボール部員だった。

早稲田大学へ進んでラグビーに転じると「初心者だから接近プレーをそのまま具現化しようとした」。本人にそう聞いたことがある。なにしろ初めてなのでクセは何もない。せっせと理想の具現のための練習法に取り組んでいく。

前へ飛び出すシャロー式防御のタックル力強化には「カバーを外したプロップ用の突っ込みマシンに当たった」。2006年秋の日本協会80周年記念パーティーの席上、現役ジャパンの赤沼源太をつかまえて「オレの肩、触ってみい」と手を添えさせたら、60を過ぎて、いまだ富士山の稜線みたいなシルエットが衰えることないカチンカチンの筋肉に、トヨタの誇る突貫男も驚いていた。

横井さんは、目の前に誰かを立たせて、手にしたボールの位置を上下左右と動かしてもらい低い位置から飛びつく練習にもよく励んだ。間合いの詰まったところで瞬発的に動くためだ。もっともっと独自の練習はあった。どれもコーチングのマニュアルには書かれていない方法だった。

かつて受験進学校のコーチをしたら、厳しい練習を秋まで続けても、おおむね学業成績は落ちなかった。ある秀才部員に秘訣を聞くと、ラグビーの質問よりも早く答えた。

「自分だけの勉強法を見つけることです。自分だけのノートをつくる」

新入部員諸君、グラウンドに自分だけのノートをこしらえよう。他人が見たら不思議なノートを。

初出＝「ラグビーマガジン」２００７年5月号。
『ラグビー大魂』（ベースボール・マガジン社）所収

シーズンオフの効用。

53年ほど前と推察される出来事である。立教大学の教室に太い腕が挙がった。しゃがれ気味の声が響く。

「先生、そこのところ納得いかない」

よい学生ではないか。議論こそは知でもあるのだから。

ただし、この男、立教の学生ではなかった。早稲田大学のラグビー部員なのである。

結城昭康。すでに雲の上の住人である。敬称を略するのは、元日本代表プロップであり、ラグビー史上のいわば公人だからだ。1966年度の早稲田の青年監督も務め、大学選手権優勝を果たしている。

福岡県の修猷館高校出身。冒頭の逸話は、立教ラグビー部在籍の高校の先輩から「俺の授業に代わりに出てくれ」と理不尽にも命じられた際の「事件」らしい。当時の仲間からの伝聞につき詳細はこれ以上わからない。もっぱら、頭脳明晰にして学業優秀で鳴らした名物男の豪傑話として語られてきた。

入学の季節、この話をたまに思い出す。大学ラグビーはこうあってほしいと。「代返（ダイヘン、この言葉、まだ生きているのか）」を強いることではなく、先輩の通う他校のダイヘンに出向いて異議を唱えるような人間にラグビーをしてほしいな、と思ってしまうのである。

先日、通りすがりのように、小学高学年のチームが戦う様子を眺めた。突出した才能を発見！　なんて、ちっとも自慢にならず、たまたま観戦のスポーツライターが気づくのだから、とっくに有名らしい。

スクール関係者によると、一般論として、それくらい素質のある少年には、すでに私立中学のラグビー部は注目している。もし強豪私立へ進めば、そのまま一貫の高校へ。順調に成長できたなら推薦やＡＯのような選抜制度で大学まで道はつながる。

ラグビーを大好きな子供が機会をつかみ、高校や大学の側は正規の制度により人材確保に努力する。ここだけを切り取って、けしからんとは述べづらい。自分の知人がそうなったら、「よかったなあ」と頭を撫で、上カルビでも御馳走するだろう。

でも、それだけでは寂しい。

強いクラブの部員が、おおむね、早くから定められた単線を走った者ばかりになっては、あえて述べれば「ラグビー国力」が衰えるような気がしてならないのだ。

花園では、選手の父母のあいだで、こんな話が飛び交っている。

「試合が決まったら、なるだけ2年生を途中出場させるんです。大学の推薦は3年の春には動く。花園出場の経歴があるかないかでは違う」

近畿地方の教員も教えてくれた。

「ブロックのU17代表の選考などでも不可解なことがあった。大学進学のための実績づくりのような」

全国の指導者の大半は良識の人である。他方、そこにいる人間に魂を吹き込むより、せっせと「ルートづくり」に励むような風潮も増している。ルートづくり。嫌な言葉だ。

さっき「ラグビー国力」と書いた。国内におけるラグビーの存在を支えるのは、現役時に一定の競技力を有していた者も社会の各方面に散らばっている「人材の多様性」である。

なぜそうなのか。理由のひとつは、歴史的にアマチュアリズムを堅持してきたので「競技生活と仕事」が両立しえたこと。もうひとつ、こちらは仮説の粋を出ないが、強豪であっても高校や大学の部員の入学・入部のあり方が「単線」でなく、つまりラグビー経験者のバックグラウンドに偏りの少なかったことにあるのではないだろうか。

後段については、学校ごとの特色の違いもあって大雑把かもしれない。しかし優勝を狙う大学にも、さまざまな出身校や競技歴の者が混在したのは事実である。

また野球やサッカーと比べても、シーズンオフは長かった。25年ほど前の早稲田は決勝まで勝ち進んだとして1月後半から3月中旬、6月後半から8月初めまでは原則的にオフだった。猛練習で知られていても休みは長かったのである。70年代中盤までの黄金時代は、授業優先のため週休2日にしていた。どこも年間のスケジュールは似ていたはずだ。

いま二極化は進む。非強豪高校は部員確保がすでに困難であり、特定の大学の入部者には特定の高校の出身者が並び始めた。だからこそ「入ったあと」にラグビー一色にならぬよう単線を複線にすべきではないか。

仮に高校は6月20日から45日間、大学はシーズン終了のレベルに応じて全国選手権出場クラスなら6月第3週から8月第1週まではオフというように協会の責任で決めて、協定違反には厳罰を科す。抜け穴対策も細かく決める。不思議なもので「みんながそうすれば」全体の競技力はさほど落ちない。

「シーズン制のラグビーなら文武両道も可能」。普及策にもなる。

初出＝「ラグビーマガジン」２００８年６月号。
『ラグビー大魂』（ベースボール・マガジン社）所収

同志を愛して孤独をおそれず

もし入部を迷っているのなら、この言葉を届けたい。

「休日はあっという間に過ぎてしまう」

青春をあっという間だと感じるのは、青春を何年も過ぎてからでよい。「早く練習が終わらないかなー」。時間を長く感じられる青春こそが人生の幸福なのだ。

入部したての君には、こう伝えたい。

「君は君が思っているほどにはラグビーをうまくできないが、君が思っているほどダメな人間でもない」

強くないチームの出身で、そこのエース格として鳴らしていたのに、強いチームへ進んだら、ちっとも通用しない。広く世界に共通の事態だ。つまり、あたりまえ。

反対に、強いチームの一員でうまくやってこられたのに、強くないチームへ進むと、まわりに相手を圧する力がないので、自分もうまくプレーできない。これもまた当然。

たとえば、高校時代、他校もうらやむ大型強力FWにあって、ひとり小柄ながら素早く動けて低いタックルも鋭いと評価された者が、選手層の厚くない大学では、まるで目立たなくなる。「強力FWの中のイブシ銀」という相対的評価の前提は崩れて「小型FWの中の平均」とされてしまう。劣勢の時間帯のほうが長いチームが勝つためには、そのくらいの素早さや低さでは足らなかったのである。

ストーリーはここから始まる。

人間は、なかなか、ひとりでは生きられない。そして、ラグビーは、絶対、ひとりではできない。新しい環境で出会った人間は、だから、運命的な同志なのである。「生涯の友」とまで他者は決めつけられない。近くにいたら、かえって、しっくりいかぬのも人間らしさである。しかし、同志であるのは間違いない。

これまで滑らかに運んでいたすべてが滞る。世の中、上には上がいる。できたことができない。壁だ。ステキな壁。霊長類ヒト科とは未解決の難問を解決する動物である。そのために生きるのである。

ラグビー部のよさとは、その壁を現実に乗り越えた先人が必ず存在することである。いきなり荒野へ放り出されたように感じても、そこは無人ではない。孤独でもない。いくらか遠いところの道標に先輩の背中は見える。

あるいは、荒野の反対のぬるま湯（万事に甘いチーム）に浸かったとして、自分だけでなく、同志の力を携えて熱を呼ぶこともできる。簡単ではない。でも、できる。

ラグビー部員は孤独ではない。しかしラグビー部員は孤独をおそれてはならない。同志愛、チームやクラブへの忠誠心を自明として、だからこそ孤独に価値はある。簡単に書くと、自分自身で、ひとりぼっちで、うまくならなくてはならない。

長くスポーツを追ってきて、ひとり、自分だけの方法で練習できる者こそ勝者となる。コーチの求めるシステムをこなすのはラグビーの半分にも満たない。システムを構成する「個」の強化が先決である。どのように強くなるのか。それを考え抜くのだ。それが知性だ。ラグビーに打ち込む。すると「わかれば、わかるほど、わからないことも増える」とわかる。なんだ哲学じゃないか。さあ泥まみれの哲学者になるのだ。

初出＝SUZUKI RUGUBY「友情と尊敬」2009年4月。『楕円の流儀』（論創社）所収

ラスト一本の人生

実際の重量よりズシリとくる。1年前に手にした本なのにページを繰ると、涙腺やら鼻の奥のほうの神経やらがしきりに緩んで、そこで止まってしまう。先日、3度目の読了、やはりラグビーを愛する読者に伝えたいと思った。

『ラスト一本永遠に』（タイムス住宅新聞社発行）

安座間良勝さんの著書である。沖縄の高校ラグビーの礎を築き、猛牛の情熱と芸術家の繊細さで、そこにいる少年とマネージャーの少女を牽引した。赴任校をかえながら花園9度出場の名将の「ヒストリー」。泣けて、また泣ける。

7年前に定年退職した安座間さんは、両親の移民先のテニアン島に生まれ、前原高校から琉球大学と進んだ。もともとの「本籍」は陸上競技であった。卒業後、読谷高校教諭となり、国体開催を控え、ラグビー競技の県内先駆者として指導者を買って出る。

「今振り返ってみても、ラグビー生活三十五年、よく頑張ったと自分でも思っている」

結末にそうある。こう言い切れる監督・コーチがどれほどいるだろうか。安座間監督の指導者生活は、まさに、みずからを初めてねぎらう簡潔な一言に値した。

何もないところから読谷高校に楕円の種、それも格別の情熱の種をまき、みずからが根ともなる。のちに読谷地区には、教え子たちを中心とする少年少女スクール、中学などを含む「ラグビーのコミュニティー」が誕生する。

石川高校に転ずると九州大会初勝利を挙げ、コザ高校に移れば花園初勝利、九州大会初優勝、高校日本代表輩出など隆盛をなす。次の赴任先、宜野座高校でも一からチームをつくりあげ、全校在籍600人弱の小規模校の少ない部員ながら花園1回戦を突破している。「老兵」の使命を普及と思い定めた中部工業高校（現・美来工科高）、最後の奉職先である具志川高校においても確かな人材を育て上げた。

安座間ラグビーの神髄は、全国大会での活躍のみならず、不利を予想される県内の予選をしぶとく勝ち抜くところだった。根底には「ラスト一本永遠に」と教え子たちが人生の指針とする思考と態度があった。ランパスやタックル練習の「ラスト一本」を大切に、激しく、厳しく、走り切り、倒し切る。わずかでも気を緩めたらアゲインだ。その緊張の繰り返しが、県大会決勝になったら不思議と負けないチーム力を培った。

「優勝は最も感動を呼ぶ教育となる」

おそるべき熱量と創意工夫があった。ほぼ休日はなし。自分の結婚の「親同士の顔合わせ会」の約束を忘れ、グラウンドに正装の身内が迎えにきたこともある。選手のタックルを腿に座布団を巻きつけながら何十回も受けた。内出血で足腰は真っ黒だった。体をぶつけて両耳の鼓膜が破れ、せっかく手術と2カ月の入院で聴力を取り戻したのに、またスクラムの台になって破裂した。

「複雑な心境だった。聴力を取り戻して喜んでいた半面、ボールが耳に当たって壊れることを恐れ、グラウンドに入れない自分に苛立ちを感じていたからだ。だから（略）むしろさっぱりした事を覚えている」

手づくりのスクラムマシンを情報なしにこしらえ（それは後年、広く市販化されたものとそっくりの形状であった）、バーベルより操作の難しい石を持ち上げさせ、向かってくる自動車を相手にモールを押し、氷水につけたかじかむ手でパスの訓練をした。ルールを深く学び、他県へ出向いては謙虚に教わり、そうした勉強の成果を理屈を超越した猛練習へと結びつけた。

安座間イズムの根幹をなすのは次の一言だと思う。

「人間は自分が思っている以上の強さを秘めている」

負傷や事故のリスクには細かな配慮をしながらも「厳しい練習を強いてきた」のは人間の強靭さへの信頼があったからだ。心についても同じだろう。だから、どの高校からも各分野に人が育った。個性と能力をラグビーを通して引き出せた。

たとえば、中部工業のSH具志堅崇は、全国詩歌コンクールで俳句の最優秀賞を受けた。


――梯梧よ咲けB52はもうこない――


デイゴ、沖縄の花である。嘉手納飛行場の爆音を聞きながら詠んだそうだ。

教え子たちの寄稿がある。石川高校の卒業生がこんな内容を書いている。自分たちが3年の春、安座間監督はコザ高校へ転任してしまった。その年の県総体決勝、それまで負けたことのなかったコザと引き分け、抽選に泣いた。

いまや敵将となった先生に言われた。

「いいか、勝負の世界は厳しいんだぞ」

そして、その人、コザ高校の安座間監督は選手による胴上げを拒んだ。

初出＝SUZUKI RUGUBY「友情と尊敬」２０１１年6月

地響き

地響きを立てろ。高校と大学、計12年間のコーチ時代、よく部員にそう言った。「地響きの立つような練習しろ」と。それは具体的な練習の強度の意味であり、また、取り組む姿勢、心構えの問題でもある。よいチームのグラウンドには地響きが立つ。

もうひとつ。これは東京都立国立高校ラグビー部の指導経験から、校庭の練習に迫力があると、そんな熱気を察知した他の運動部の「心の逸材」が吸い寄せられてくるのである。たとえば以下のごとく。当時、ゴールポストの裏にテニスコートがあった。1991年、新入生の春、つまり、ちょうどいまごろ、金網の内側でもっぱら球拾いをしていた少年は、実におっかない顔をした監督に走らされる泥まみれのラグビー部員のスパイクの音を聞いた。聞いてしまった。

テニス部員、朝倉政孝は思った。思ってしまった。「かっこいいぞ」。かくして辛抱強く足腰のなかなか丈夫なラグビー人が誕生した。

その5年後の3月、沖縄県の名護高校の体育館の外の男子トイレにひとりの元気なバスケットボール部員がいた。大雨の日だった。小用を足していると窓の外に雄たけびを聞いた。聞いてしまった。まっすぐ視線を伸ばすと、ラグビー部員たちが鈍くて鋭い音とともにタックル用ダミーを次々と倒していく。

もうすぐ2年生になる喜瀬直彦は思った。思ってしまった。「俺はあっちへ行きたい」。そのころは劇画などの影響でバスケット人気が高かった。部員が多いのでこちらもボール拾いばかりだ。翌日、ラグビー部へ。せっかく小遣いで流行のシューズを手に入れた直後なのは惜しかったが、決断はちっとも惜しくなかった。素敵なナンバー8はここに出現する。流通経済大学へ進むとバックスに転向、2年でレギュラーの座をつかみ、観衆2万強と発表された秩父宮ラグビー場を疾走する。その15年後、とある会合で当人は明かした。「あの日、雨が降っていなかったら自分はラグビーをしていなかったかもしれない」。南国の北部を襲った豪雨、そしてラグビー部員の地響きに感謝だ。

一部の強豪を除けば、全国の多くのチームは部員難にあえいでいる。現場での解決法はふたつ。「どうすれば入部してくれるか」を普通に考えるのではなく、深く深く考える。可能な範囲であらゆる手を打つ。新入学の男子生徒全員を個別に唾飛ばす調子で説得した指導者を知っている。そこまで分母が大きければ何人かは入る。もうひとつはグラウンドの活気を見せつけることだ。タッタッではなくダダッダダッと走る。ポンではなくギュッと土を蹴る。そうすれば体育館のそばのトイレの中から有志が駆け寄ってくる。

ラグビーには根源的な魅力がある。現状のスポーツにどこかで満足できぬ若者の血潮を引きつける磁力を有している。「ボールを手に持って自由に走り体をぶつけ合う」ことを許される競技は実はまれだ。男の子でも女の子でもいざ始めればおもしろいのである。どうか部員勧誘をあきらめないでほしい。

最後に。早稲田大学の練習に長く通った老ファンが、その昔の充実していたシーズンをこう表現したことがある。「あのころはベンチにいて小さな声で話すとそれが聞こえそうだった」。よいチームは地響きを立てる。そして、よいチームは静かだ。緊張感と集中力がグラウンドを覆うからである。ひとつの静を破るひとつの束と化した動。よいラグビーの定義かもしれない。

初出＝SUZUKI RUGUBY「友情と尊敬」２０１４年４月

見守る方が子は育つ

グラウンドに子供の声だけが響いた。「子供の声」でなく「子供の声だけ」が。イングランドのヨークシャー・ラグビー協会は今月の複数の日曜、ジュニア（少年少女）レベルの試合観戦に際して、親とコーチの完全なる静けさを求めた。その名も「サイレント・サンデーズ」。試みを伝える英ＢＢＣ放送のサイトには「静寂が罵倒をタックル」とあった。叫んではならず拍手すら禁ずる。これほどの厳正なキャンペーンは一部の審判からの「たびたび判定をめぐってののしられる」との訴えに応じたものだ。

誰だってわが子が走り倒し倒されれば興奮もする。声援の言葉も激しくなる。レフェリーの笛を相手に有利と感じてしまう。だからこそ踏みとどまらなくてはならない。

コーチもそうだ。子供を少しでもよくしたい。常に正しくプレーをさせたい。ついつい試合中に「パスしろ」だとか「突っ込め」と細かな指示を送る。「なにやってんだよ」は定番である。もちろん選手の耳には届かない。

沈黙はしばしば雄弁や激情をしのぐ。スポーツ指導でも同じだ。「自分のことを本当に見つめてくれている大人」が黙って喜びをかみしめ、あるいは落ち込む姿に気づいて子供たちの態度も変わる。

同協会が所属クラブに送ったレターにこうある。「ジュニアの選手がラグビーを離れてしまう理由にピッチサイドからのプレッシャーがある」

2010年、サッカーの元イングランド代表ストライカー、ゲーリー・リネカーが同様の問題を新聞の連載コラムで述べた。「4人の息子の（サッカーの）試合を観戦するたびに私が見聞きしたことを知れば、みなさんは例外なくショックを受けるだろう」（英デーリー・メール紙）。行き過ぎた指図と叫び。「子供をひとりにしてあげる。それがサッカーの時間だ。算数の授業中に介入してくる親はどこにもいないのに」

13年前、福岡の小学生のラグビー試合が忘れられない。息子が倒される。顔から芝に落ちる。目に土が入った。涙がこぼれる。ピッチサイドの母親は思わず前のめりになった。

でも、こらえて平静を装う。中年の男性コーチが何度かつぶやいた。「生まれ変わりようぞ」。我慢と、それを見守る痩せ我慢は人間に深みをもたらすのだ。

初出＝東京新聞・中日新聞「スポーツが呼んでいる」２０１５年２月24日付

共同体としての部活動
～大震災と復興～

4年前の3月11日、午後2時46分すぎ、東京都内の自宅で原稿を書いていた。ボクシングの世界フェザー級王者（当時）、長谷川穂積のインタビュー記事である。

突然、揺れた。机のそばに積んだ音楽のCDが滑り落ちた。この先の話は、東北で起きていた事態を考えると失礼だ。実はそのまま尻を椅子から離さずパソコンのキーボードをたたき続けた。しばらくしてニュース映像に深刻さを知った。自信満々のチャンピオンがゆっくりとリングへ向かうような津波の憎さ。がれきの炎の恐怖。大変だ。とっくに三陸でも福島でもスポーツの場は消えていた。

震災時、宮城県立石巻工業高に勤務の尾形勉教諭（現・古川工）はラグビー部の監督も務めていた。

「1週間は生徒の安否もわからない。部室はへどろで埋まりました。4月の後半に初めてラグビー部員が集まります。ひとつだけのボールでパスをかわす。それで楽になりました。非現実と現実の区別のつかないような状態にあって、仲間と一緒にラグビーをする時間だけは確かに現実だったのです」

ある部員は気丈に言った。「先生、家が海になりました」。それでもがれき処理の合間、練習に顔を出し、5月の公式戦に参加できた。あれからの歳月を経て、石巻工ラグビー部は、今月30日開幕の全国選抜大会（埼玉・熊谷）初出場を決めた。

学校の部活動とは共同体である。その土地でその競技に励んだ記憶は世代を超え共有される。真夏の校庭、蛇口に垂れる水玉は永遠の光景だ。

そしてスポーツとは個性そのものである。球を追い、記録更新に励みながら「私は何者か」を知る。仲間があって、自分らしさもわかる。復興とは、共同体の再生であり、さらには「ひとりずつの違い」の回復でもある。

尾形教諭は振り返る。

「部活動を再開して部員たちが感じたのは、大きなことより、ああ自分はラグビーが大好きなんだ、ということでした。私も再確認できた」

一昨年出版の『南相馬少年野球団』（岡邦行著）にこんな言葉があった。「また野球すっぺな！」。中学1年生が避難先から故郷の友へ手紙で伝えた。最も短く最も切なく最も美しい詩だ。野球の好きな人間は野球の好きな人間と野球をするから人間なのだ。

初出＝東京新聞・中日新聞「スポーツが呼んでいる」２０１５年3月10日付

鉄

東伏見から吹く風

鉄になった。

痛快なるオリジナリティ

愉快に！　愉快に！　諸君、お互いに愉快にやろうではないか!!

１９２５年、大正14年の5月15日付けで発行された早稲田大学ラグビー蹴球部研究誌、「鉄笛」第1号巻末の一節である。

青春の意気と熱が、ちょっと、すましたような言葉遣いに表現されて、いかにも大正リベラリズムに呼吸した学生風である。

ちなみに、「編輯《へんしゅう》だより」は、こんな一文で始まっている。

――勝利の殿堂に一塊の煉瓦を積むために初めた此の仕事――。

戦前の日本ラグビーの高水準は、各種文献や国際試合戦績から知ることができる。「鉄笛」創刊号の貴重なコピーを繰れば、その基盤はどうやら大学クラブの旺盛なる向上心と研究意欲によって支えられていたようだ。

巻頭にはニーチェの引用が掲げられ、「勝負を支配する精神」、「ラグビープレーヤーとしての要素」といった研究発表が続く。抜粋してみる（一部旧仮名遣いを訂正並びに省略）。

――（ラグビープレーヤーに必要な心的要素は）第一に感受性の敏なること――。

――機敏なる行動は沈着なる精神によって支配されるべきである。機敏と沈着は決して相反するものではない――。

――プレーヤーは粗放に流れぬ程度において大胆であらねばならぬ。ある時には機械的、常套的な戦法の外に、機に臨んで敵の意表に出づる戦法でなくてはならない。危険をおそれて、堅牢を一歩も出で得ぬようでは、遂に名を成すこと、限りある時間をもって成し得ぬ――。

――「キープ・クール」という標語は複雑なるラグビーにおいて特に尊重すべき心的条件である――。

また、バックスやフォワードの各種技術の研究も格調高い筆致で綴られている。「概念と本質」と「特殊な方法」を、きちんと峻別して論ずるあたりが実に心憎い。

あの時代に情報はきわめて乏しかった。ゆえに学生たちは、おのれの頭脳と「感受性」を駆使して、理論の構築と追求に努めた。これは早稲田に限らず、慶應や東大や京大なども同じだった。一冊の海外技術書を頼りに、額を突き合わせるディスカッションは続き、机上とグラウンドを往復しつつ、それぞれは、それぞれの手法を築き上げた。スタイルの獲得である。

無理に現在と比較する気はないが、高度情報化時代における独自性喪失の風潮は気にかかる。なるほど「スーパー12」では、スーパーなパフォーマンスが繰り広げられている。しかし、それを無批判に模倣して本当に正解なのか。

「鉄笛」創刊より72年目のシーズン開幕。愉快で痛快なるオリジナリティの出現を希望したい。他に類のないスタイルを携えたジャパンの構築のための一塊の煉瓦のごとき。


初出＝「RUGBY観戦ガイド」１９９７年10月。『ラグビーの世紀』（洋泉社）所収

追悼　大西鐵之祐

敗戦後の混乱期にいち早く海外文献の翻訳に着手した。机上のアカデミズムとは一線を画する独自のスポーツ哲学を構築した。世界の先端を走るラグビー理論を創造した。グラウンドでは実証的かつ科学的手法を追求した。

そして、大西鐵之祐はいつも言った。

「勝負は理屈やないで」

9月19日午後、都内の病院で勝負師は逝った。茶の皮の球が吸い込まれそうな青空。待ち焦がれたシーズンは到来したばかりだった。

新しいラグビーファンはぜひ知っておいてほしい。

戦争が終わって7年目に骸骨のような早稲田の学生が、複数の国際選手を含んだオックスフォードのエリートを慌てふためかせたことを。

27年前には、日本代表が若手のニュージーランド代表、オールブラックス・ジュニアを23―19でやっつけたことを。

そして、その3年後、イングランド代表との3―6の死闘を。

体格に恵まれないチームを率いての数々の栄光。大西鐵之祐は、ただひとりにして代わる者のない指導者だった。

大西ラグビー、大西イズムの核心は、科学と非科学の統一にある。

理論と情熱。継承と創造。闘争と倫理。

本人の好んで揚げた造語である。

一見、矛盾するような概念の融合こそが、その真髄であり、「科学と非科学の統一」は終生の主題だった。

繰り返しになるが、大西流のチーム作りは科学の手法によっている。

目標を定める。情報を集める。理論を打ち立てる。実験してみる。反省。吟味。再構築。

時代を築いた「展開、接近、連続」理論はこうして完成する。「練習計画は日数ではなく時間で計算しろ」も口癖だった。

そして、勝負師は、理屈を注入するだけしておいて、おごそかに「理屈やない」と宣言するのだ。

「信は力なり」

「戦術に絶対はない。しかし、絶対を信じない者は敗北する」

信ずるに足る一本の芯。そこに指導者と選手の情熱のすべてがたぎり、坩堝を形成する。それが勝負だ。大西鐵之祐は説きつづけ、手がけたチームを決まってその境地へと導いた。

「勝負ということになると、合理的以外のこと、あるいは科学的理論的なことだけではできないことがいろいろある。（略）チームワークの問題、闘志の問題、それから、命がけでやるというようなこと、そういうことが試合には技術以上に作用して勝敗を決定する」

（『闘争の倫理』）

亡くなる2週間ほど前、こんなことを笑いながら話していた。

「日本で最高のコーチは北島忠治と大西鐵之祐だ」

いつだったか。こう教えてくれたこともある。

「忠さんのすごいところは絶対に自分は負けないと思っていることだ。だから、こちらも同じように向かっていかないと必ずやられる。逃げたら駄目なんだ」

早稲田と明治は、いつでも「技と力」の対照でくくられてきた。大西と北島もまたそうだ。しかし、理屈を超えた何かを知る好敵手は深いところで通じていた。
ラグビー界がアマチュアリズムの伝統と決別しようとしている。ワールドカップの日本代表は惨めだった。
いまこそ、しゃがれた関西なまりの言葉に耳を傾けたかった。知を熱でくるんだ言葉に。

1916年4月7日、奈良県出身。34年に早稲田第二高等学院入学。同大学ラグビー部に入部し、37年にバックローで全国制覇。第2次大戦では陸軍少尉でシンガポール作戦などに参加。敗戦を機に教育の道を志し、49年に早稲田講師。67年に教授。計3回、のべ9年間の早大監督などで幾多の実績を挙げた。

初出＝「ナンバー」1995年10月。『ラグビー特別便』（スキージャーナル）所収

知の熱、そして愛

杖をついていた。足取りは力強さからは遠く、丸い背中は確かに老人のたたずまいだった。しかし、新聞記者を見つけて、顔を上げるや、その視線は射るごとく、ほとばしる言葉は覇気をたたえた。

「いくらオールブラックスが強力とはいえ、使ってくる戦法は四つしかないんだ。なのに、やられすぎだ。指導者はラグビーを研究してないんじゃないか」

怒っていた。大西鐵之祐は怒っていた。

こめかみに銀髪を垂らしたまま、心より憂いているようでもあった。戦いを終えた国立競技場の観客席下の通路。ラグビーにおける真剣勝負を通して人間の根源を問い続けた男は、触れれば手の溶けそうな熱を放っていた。

1987年10月21日、来征のニュージーランド代表オールブラックスは日本選抜とナイトゲームで対戦した。

この年、初めて開かれたワールドカップを制した世界王者と、日本代表よりも格下の、「選抜」の対戦である。正直、結果はわかっていた。94—0のノーサイド。スコアは、いかにも妥当に思われた。

試合終了直後、日本代表の関係者を記者団が囲む。発言は、すべて「いかにオールブラックスが素晴らしいか」に終始した。報道する側も「世界王者の強さ」にのみ焦点を当てた。

ところが、ひとり大西鐵之祐は違った。頭を占めるのは日本選抜のふがいなさだった。世界の頂点とぶつかることのできる幸福を噛み締めようとせず、全身全霊の準備を怠っての惨敗を憤怒していた。

杖つく元日本代表監督は帰路につこうとしていた。あわてて追いかけて、試合の感想を聞く。「世界最高の技術」を解説してもらおうと思ったのだ。ところが、いきなり「いくらオールブラックスが強力とはいえ……」と語り始めたのである。

「この人は本気でオールブラックスに勝とうとしている」。刹那、嘘ではなく背筋に電気が走ったのを覚えている。

余談ながら、この午後、競技場へ出発するオールブラックスを取材しようと、宿舎の「芝パークホテル」へと出向いた。待つことしばし、やがてロビーに選手たちが現れた。迫力は想像を超えていた。眼光は尖り、誰も一言も発しない。相手は格下の日本代表のさらに格下の日本選抜。どう考えても負けるはずのない試合なのである。なのに緊張に満ちている。たまたま一緒になった雑誌の若いカメラマンは、あまりの凄みにシャッターを切ることができなかった。

一流のみのたたえる峻厳なる勝負へのこだわり。黒いジャージィで世界を席巻する王国の英雄の意気と誇りに応えられるのは、この国にあっては、やはり大西鐵之祐をおいてはありえなかった。

大西鐵之祐は、指導の情熱を注いだ早稲田大学高等学院ラグビー部の高校生に、よく言って聞かせた。

「目の前に五億円を積まれたら、本能的に拒否できる人間になれ」

どうぞ政策の実現のためにお使いください。表向きの理由をつけられると、いかに立派な者でも、つい受け取ってしまう。だが、金銭に魂を売ってしまえば、人間はどうなるんだ。合法か否かの問題ではない。きれいか汚いかである。

こんなことも、しばしば話した。

ライバルのチームに抜群のエースがいる。そいつさえいなければ勝利は堅い。そのエースが密集の下敷きになった。ラグビーのレフェリーはひとりである。目を盗んで球と一緒に頭を蹴飛ばす。まんまとエースは退場、試合には勝てた。

「次の日、蹴飛ばした者は、相手のエースの入院する病院にケーキでも持ってお見舞いにいく。すると、なんとも嫌な気持ちになる。やはり汚いことをしてはならない。心の底から、そう思うんだ」

敵の陣地へキックを蹴り込む。相手が身を挺して球を確保する。そこへなだれ込みながら、合法的に相手を傷つけることもできる。しかし、自然に力を抜いている。なぜか。

そこに愛情が発したからだ。

命を賭してでも勝ちたい。それほどの勝負が、しかし、愛情に包まれる。その境地を知る者こそが社会のリーダーとなるべきなのだ。すなわち「闘争の倫理」である。

大西鐵之祐は、ジャスティスではなくフェアネスを説いた。机の上の札束は法にかなおうとも汚いものであり、競技規則とは別に、「してはならない」と「しなくてはならない」は存在する。そのことを語り続けた。

早稲田大学ラグビー部を、三度の監督就任で、そのつど苦難より救う。日本代表を率いてオールブラックス・ジュニアを破り、イングランド代表には肉薄した。「鉛筆より重いものを持ったことのない」早稲田大学高等学院ラグビー部を指導すれば、猛者の集う強豪校にまさかの勝利を重ねる。

１９８０年のモスクワ五輪ボイコットに際しては、露骨に介入する政府に対して、スポーツの立場から「出場すべし」の反論をやめなかった。

ラグビーとラグビーの指導とラグビーに青春をかける若者を愛してやまなかった。その勝負の渦中に身を焦がすうち、いつしか人間そのものをつかまえることができた。

骨のきしむ音も響くグラウンド。ワセリンの匂いの流れるロッカー室。勝って泣き負けて泣く試合後の酒。スポーツの渦中より出づる哲学は、愛情と闘争、合理と非合理を同時に包み込み、例のない独自性を帯びた。知と熱と愛。たぎる情熱と鋭敏な知性は渾然一体となり、それを愛情がくるめば、凡人の想像を超える現実の結果はもたらされた。

大西鐵之祐は知と熱と愛の指導者だった。

初出＝『知と熱　日本ラグビーの変革者・大西鐵之祐』（文藝春秋）２００１年11月

鉄になった

渡辺 隆（元早大FL）

もう、14年も前の試合じゃないか。たかが関東の大学対抗戦じゃないか。少々、美化されすぎなんじゃないか。

情に溺れてはならぬジャーナリズムとして、あるいは、こうした意見のほうを尊重すべきかもしれない。

しかし、しかし、観客の人生まで揺さぶる試合など、14年に一度でもまだ多すぎる。

１９８１年、早明戦。

この美しいバトルを居間のブラウン管越しに見た福岡の高校のフランカーは、瞬時にして進路志望を慶應から早稲田に変更した。

ラグビーなんてろくに知らなかった気仙沼の中学生は、大男に喰らいつく細身の赤黒ジャージィに脳天を打たれ、早稲田の付属高校を受験するから上京したいと言い始めて母親を困らせた。

名古屋の大学ラグビー部員は、どうしても、いつまでたっても、その感動が忘れられず、ついに、編入試験を受けるために都の西北へと向かった。

21―15。早稲田勝利。

大西鐵之祐、最後の監督就任のシーズン。FW前5人の平均体重が公称で9・4キロ、実際は15キロ近くも劣りながら、耐えて忍んだ純情無垢な魂が、日本列島のあちらこちらで人々の心を鷲掴みにした。わけても短髪の7番の印象は強烈だった。澄み切った狂気。何かが体に宿っていた。

「一流のスポーツは宗教の域に達するんだといわれます。その、ほんの一端でも、経験することができた。本当に幸せです」

安達太良山の紅葉に視線を流しつつ、あの右フランカーは言った。

2年浪人。しかも未経験者。4年の夏まで定位置は3軍だった。秋、ようやく2軍へ。毎週水曜日の1軍との紅白戦にすべてを賭けた。燃えて、怒って、走りまくった。

ルールを把握していたかは疑わしい。タックルは、世界のどこのコーチング書にも載っていない方法、すなわち、目の前を少しでも動く物体に頭から飛びかかっていくスタイル。中学相撲出身、愛称、「ドス」の原始の闘争心は、型破りなだけに、やがてレギュラーの脅威となる。

「あいつさえ潰せば2軍には負けない」。狙い撃ちにされた。試合が終わると、いつでも満身創痍のドスがいた。鋭い視線に血糊のこびりついた額。異様な風貌だった。

そして、その個性を、大西監督は例の鋭い眼光で観察していた。

就職試験で不在のレギュラーに代わって立教戦に抜てき。

「嬉しかった。たったの一度でいいから赤黒ジャージィを着るというのが夢でしたから」

試合の何日か前。ラグビー部寮で購読していたサンケイスポーツに自分の記事を発見した。監督が、こうコメントしている。

「渡辺という男は、タックルをせいと言ったら、いつまでも続ける。あの情熱は素晴らしいもんだ」

練習が終わると、いつもグラウンド隅の砂場に吊り下げられたバネ仕掛けのタックルダミーに飛び込んでいた。

「大西さんは、それをどこかで見ていたのでしょうか。感激しました」

立教戦。開始直後、勢いあまって、相手SOにレイトチャージの反則。試合後のレセプションのスピーチで大西監督が謝った。

「申し訳ない。うちの右フランカーは素人なもんですから」

シーズン後半にレギュラー定着。

ついに早明戦のメンバーに選ばれる。与えられた使命は、ただひとつ。「怪物ナンバーエイト」河瀬泰治を動かさないこと。寮のベッドの天井に「河瀬突進」のピンナップを張り、屋上で夜空の星を眺めながら気持ちをたかぶらせていく。

「明治に勝ちたいという欲望が、段々と祈りに変わってくるんです。勝たせて下さい……という風に。そして、そのうちに、勝敗はどうでもよくなってくる。4年間のすべてを出させて下さい。すべてを出せればそれでいいんだと。さらに、その上の段階もあったんですが、もう、それはうまく言葉にできません」

梨本、井上、川地、相沢、河瀬。明治大型FWは「史上最強」とまでうたわれた。いっぽうの早稲田は、都立校出身の浪人組など無名素人軽量集団。いささか、定型的ではあるが、新聞紙上の「明治絶対有利」も順当には違いなかった。

「記者連中が何を書いとるかは知らんが、新聞と俺のどっちを信じるんだ。俺を信じれば勝てる」

故郷の福島二本松で広く事業を展開する現在でも、潰れた耳に響いた、あのしゃがれ声は鮮明である。

「早明戦にいたる1年間のプロセスというのは、遊びでもなく、単なる勝ち負けでもなかった。大西さんが死ねと言ったら、死ねたのかもしれません。今回、亡くなったわけですが、時代が違えば、本当にお供をしていったのかも。そんな気持ちもわかるような……」

早明戦直前、メンバーが決意を込めた寄せ書きをした。ドスは気がつくとこう書いていた。「鉄になる」


初出＝「ラグビーマガジン」1995年12月号。

『ラグビー特別便』（スキージャーナル）所収

マツモトマサヨシ

「自分らは試合で力を出すことができませんから、練習で力を出しきるだけです。」

11シーズン前の早稲田大学ラグビー部員、松本雅由の言葉である。大友信彦氏の著書、『楕円球に憑かれた男たち』（洋泉社）からの引用。

当時はラグビー・ブームの影響もあり、どの大学も部員数が増大していた。一般受験生でチームを作る早稲田は「来るものは拒まず」の部訓のもと入部者が殺到して、このころは160人にも達する。

大阪のラグビー弱小校から入部した松本は4年生になっても「10本目までチームを組んでも余る」スクラムハーフだった。国立競技場の芝も赤と黒のジャージィも遥かに遠く、それでも彼は、一刻も気迫をゆるめず走り続けた。

もしも負けた時、「前の日の練習で、もっと走れたんじゃないか」と思ったら「絶対に悔いが残る」と考えたからだ。

こうしたストーリーを知るたびに切なくなる。しかし、いっぽうでは青春の清冽に嫉妬を覚える。

断言できるが、松本雅由のメンタリティはイングランド人にもニュージーランド人にも理解は困難だ。彼らは言うに決まっている。

「なぜ試合に出られないのに学生生活の大半を厳しい練習に費やすのだ」

所属する集団の名誉と栄光のためには陽の当たらぬ辛い働きにひたすら耐える。文化の違いと述べれば、それで、おしまいだが、個人主義の国々の若者なら「自分を表現できる（試合に出られる）」別のクラブ、別の競技、あるいはスポーツを離れた活動にさっさと移るだろう。

スリランカの高校生にラグビーを指導した知人によれば、南アジアの少年たちも、「僕は試合に出られない」と判明するや翌日の練習には現れなかった。

たとえばニュージーランドから眺めれば、レベルの異なる者が同じ練習をするのはまるで無駄だ。「私は」右のスピンパスは放れるのだから、もう、みんなと一緒に右のスピンパスを学ぶ必要はない。左だけを稽古するのだ。「私は」すでに走れる。みんなとは走らず、その時間をスキル向上に費やしたい。

その通りかもしれない。

しかし、個人主義を貫く環境を日本で整備するのは、最新のオールブラックスの技術を盗むよりずっと難しい。呼吸する空気の質を変えるほどのことなのだ。

ラグビー部11軍の４年生は決勝戦の前日まで走った。魂を込めて走り続けた。ナンセンス。美談。きっと、どちらでも、あるまい。これは、この国に根を張る暮らし方のひとつであり、その無垢なる極致である。だからこそ、集団競技の現場では、チームの栄光と衰退を大きく左右する動脈や関節ともなりうる。

松本雅由のたくさんいるクラブは勝利するのである。

そして。高い高い目標に向かって、背骨を伸ばしきり、欲を捨て、身を投げた先……。

そこには、挑んだ者のみが獲得できる素敵な「私」が待ち受けているのだ。

初出＝「RUGBY観戦ガイド」１９９８年1月。『ラグビーの世紀』（洋泉社）所収

ラグビーを愛した外交官

東京は雨、すべての新聞を求めて駅へ向かう。

大切な仲間が死んだのだ。

自宅へ届いた本紙朝刊を開く気分になれない。なのにスポーツ紙を含めて千円札で足らないほどの束を買う。

奥克彦はページの中では、まだ笑っているはずだから。あの野太い声の響きで、少し口をすぼめるみたいに。

バグダッドからティクリットへ向かって四輪駆動車は走った。そして走り切れなかった。

井ノ上正盛書記官、ジョルジース・ズラ運転手とともに、さぞや無念だろう、気骨を行動で体現しようと力を尽くした外交官は志半ばに散った。

ラグビーを愛していた。兵庫県立伊丹高校2年時に全国大会出場、県選抜にも選ばれた。早稲田大学に進んでもラグビー部の門を叩き、身長1メートル82センチの大型FBとして将来を期待された。

だが、2年の夏、青春の悩みは膨らむ。ラグビーは大好きだ。でも、そればかりでいいのか。夏合宿、外交官試験を理由に退部を申し出る。

約束は果たした。合格。卒業を控えた3月、本人の言葉では「あれがなかったら人生が変わっていた」という出来事があった。大学正門前でたまたま大西鐵之祐教授（故人、元ラグビー日本代表、早大監督）に会ったのだ。退部の引け目で迷ったが、思い切って声をかけた。

「どうしてるんだ」「外交官になります」「よし、外務省の知り合いに紹介状を書こう」。こうして縁を得る。

外務省からのオックスフォード大学（以下、オ大）留学決定の報告に訪ねると、こんども同大学のラグビー関係者へ紹介状を書いてくれた。再び、細長い球やHポールとの関わりができた。

オ大ラグビー部では一軍に入れた。好敵手ケンブリッジ大との対抗戦メンバーからは外れるも、当時のオ大BKには国際級の選手が並んでおり、公式戦出場に価値はあった。手元に20ペンスで売られたプログラムのコピーがある。

1983年、2月26日、オ大の本拠地イフリー・ロード、ナンイートンとの対戦。オ大のFBはアイルランド代表のマクニール、CTBにはワラビーズのクロウ、SOがのちにイングランド代表のバーンズ、そしてWTBがオク、奥克彦である。

世界から人材の集うオ大のジャージィを着られた。本人の言を用いれば「戦闘に身を置くことができた」。培われた親交と経験は、外交の舞台でも役に立った。

ラグビーの友に、職務について語るのはまれだった。一度だけテヘラン勤務時代の湾岸戦争にまつわる秘話を教えてくれた。「いつも電話だけのエージェントがわざわざマージャンしてる場所までできてさ」。スパイ映画のようなストーリーだった。

あれは、いつだったか。

「外交官試験に落ちても、大学4年間、ラグビーを続けていればよかった」

奥克彦は言った。真意はわからない。ただ45歳にして理不尽な死を迎えた外交官は、ほんのわずかラグビーを離れた青春の時間に感じた何かを確かめ、埋めるように生きた。そんな気がしてならない。

最近の仕事は。たずねると、よく答えた。「ゴール前5メートルってところかな」。イラクでは、きっと「キックオフ直後」だった。だからこそ奮然と前へ進もうとした。すると唐突に終了の笛は鳴った。残念でならない。

初出＝東京新聞・中日新聞「スポーツが呼んでいる」２００３年12月2日付。
『ラグビー大魂』（ベースボール・マガジン社）所収

オックスフォードのビニール袋

ニューヨークのスポーツ・コラムニスト、レッド・スミスは、親愛なる同業者との別れを次のように書いた。

「天国に召された彼のためではなく、残された我々のために悲しんでいるのだ」

そう。私たちも、また、奥克彦のいない世界を生きなくてはならない。

ラグビーをとことん愛し、ラグビーに挑む若者を励まし、たぶんラグビーのように生きたかった男のいなくなった世界を。

太く快活な声、あらゆる距離を瞬く間に埋めるような行動力、染めたみたいな茶の髪の色、長い手足、若き日、遠くまで飛んだキック、まったく残念にも、なにもかもは、雑事に追われて薄れがちな記憶にしまわれるのだ。

「ビジョンを持て」

奥克彦はよく言った。早稲田ラグビーの後輩が英国留学を志す。誰もが「オックスフォード留学経験のある奥さんへ相談に行け」と助言する。多忙な外交官は快く時間を割く。耳を傾ける（後輩の話をよく聞く人だった）。そして志の淡さと浅さを簡単に見抜くや、目は笑いながらも少しだけ厳しい調子で言葉を投げる。

「本当に何を学び、何をしたいのか。ビジョンを持て」

そうして、最初から英語ができたわけではない中竹竜二や西岡晃洋（いずれも１９９７年卒）が、それぞれレスターとオックスフォードの大学院へ入り、しっかり学問を卒《お》えたら、「たいしたもんだ」とあっさりした感じで喜んだ。独断だが、両君には、奥克彦の果たした後進への愛情と教育をいつまでも引き継ぐ使命がある。影響を与えられるべき者に存分に与え、ビジョンの獲得に手を差し伸べる使命が。

中竹主将と同期のＦＢ、末松茂永が２００３年12月１日付の「東京新聞」夕刊社会面に、「奥さんとの出会いと思い出」を書いている。97年３月の全早稲田英国遠征、オックスフォードとの試合前日のミーティングで、「一度しかない人生を賭けて戦う価値がある」と強調していたこと。試合後、朝まで語り明かしたこと。

末松記者も卒業後、新聞社へ進む前に、生命保険会社を辞し、ニュージーランドへ留学している。オークランドのクラブでプレーしてみて、あの晩の奥先輩の話を実感できた。オックスフォードでラグビー部に入ったら自然にこんな感情がわきあがってきた……という内容だった。

「早稲田代表としてこいつらに負けられるか」

オークランドの後輩も同じ気持ちだった。

末松記者は文末に記している。一緒に遠征をした同期が突然の悲報に電話で語った。

「奥さんをわずかな時間しか知らないけど、なぜだろう、忘れられないほど大きな存在なんだ」。そして、それは自分も同感なのだと。

本稿筆者もそうだ。

奥克彦の早稲田現役の姿を知らない。のちに、筆者が大学ラグビー部コーチをしているころ知り合った。年次では下なのに、あえて敬称を略させてもらっているのは、どこかに「仲間」の甘えがあるからだ。実際には頼ってばかりのくせに、どうしても奥克彦は友人に思える。早稲田ラグビーの、いや、ラグビーの大義における友人……。しょっちゅう会えていたわけではない。「わずかな時間」の範疇だろう。しかし「大きな存在」だった。

四谷荒木町の小さな酒場で里芋と油揚げだけの素朴な鍋をつついた。新宿の小さなカウンターで「日本ラグビー」を語り合った。ことに深い意味のない幾つかの場面ばかりが浮かぶ。仲間との愉快な時間とはそういうものだ。

ひとつだけ忘れがたい思い出がある。

97年の全早稲田アイルランド／英国遠征、休暇で駆けつけた外交官はオックスフォードから自宅の愛妻へ携帯電話をかけた。「なにか、おみやげは」。そこは若き留学時代に新婚生活を過ごした懐かしい土地だ。「えっ」。要求は地元スーパーマーケットのビニール袋だった。「それでいいんだって」。奥克彦はとても嬉しそうだった。

初出＝早稲田大学ラグビー蹴球部ＨＰ　２００３年12月。『楕円の流儀』（論創社）所収

愛されるワガママ。

小さな酒場兼レストランは、その後しばらくして店をたたんだ。チャリン。我が胸にひとつの音を残して。

8年前の7月。東京・阿佐谷のオープンほどないスペイン料理店で、当時、コーチをしていた大学ラグビー部の数名の指導陣で会議を開いた。夏合宿の三軍以下の練習計画策定が目的だった。三軍のキャプテン予定者をその場へ招いた。

4年生のSHである。努力家で、ただし天より才をふんだんに贈られたとは考えづらく、それでも稽古を積んだスクラムのダイレクトアウトのさばきは一級だった。

この「スペイン会議」の難しさは、ひとまず指名した学生のリーダーは、ずっとそこ（三軍以下）にいてはいけないという事実だった。

仮に練習ゲームで、おおいに活躍を遂げれば、三軍から二軍、そしてレギュラー入りの道は可能性はスリムながら開ける。だから三軍以下を束ねる立場は少なくとも建前としては「暫定」なのだった。

ひととおりの議題をこなし、さて生ハムあたりをつついていると、あるコーチがフォークを床へ落とした。チャリン。金属音が響いた。すると暫定キャプテンは、ほとんど反射的に、背を丸め、手の先をテーブルの脚の裏まで伸ばした。

ふいに別のコーチがたしなめた。「お前と競っているレギュラーのやつは、そんなにすぐに他人の落としたフォークを拾うか。拾わないだろう。もっとワガママだろう」。

好漢の困ったような、でも静かな闘争心に火を放たれた一瞬の沈黙は忘れられない。

そうなのだ。数に限りのあるポジションをつかむ連中は「ワガママ」なのだ。それも、本当に成功を収める者は「愛されるワガママ」のはずである。なんか憎めないな。あいつだったら仕方ないか。でも、よくよく考えると、その人間の行動原則は「おのれのサクセスのみ」。スポーツの世界では最も恩恵を得られる個性だと思う。もしも愛されるワガママが15人揃っていたら。そんなチームとは戦いたくない。

たとえばプレースキックの個人練習に励む。存分に集中するため足元に何個もボールを集めておきたい。その時「いまグラウンドには何人いるから俺の分は何個」なんて頭をめぐらせては国立競技場でHポールの真ん中に蹴り込めない。

ワガママなのに憎まれない。

「個人技」が条件である。ひとりで思うがまま。だからいい。統制されたワガママ、組織として機能するワガママ、そんなの薄気味が悪い。独善が権力と結ばれると不正になる。周囲との比較で不満を覚えて攻撃的になるのは愛されぬワガママだ。万事に超然としてこそ「軽い迷惑」を仲間は許容できる。

ワガママな才能との遭遇はコーチ稼業の難題にして妙味でもある。

スポーツでは、円満な気質とは限らぬ者がしばしば資質に恵まれ、聖歌隊の合唱のごとく美しく荘厳なトライを刻んだりする。

故・大西鐵之祐氏は著書『闘争の倫理』で述べている。勝利を創造するにあたってのセレクションについて。

「いちばん困るのは、力があるけどそいつが出るとぶちこわしになるというのがいますね。それをどう使うか。逆にそいつを使わなかったために、ゴール前で取れる点も取れずに負けたとなるとまずいですね」

結論。

「結局自分の作戦の方向というのがはっきりしていればどっちかに決めることができるのですが」

ワガママは、必ずしも協調を欠くプレーとそのまま重ならない。

かつてのウェールズの天才（この言葉を迷わず使える数少ない人物）ＳＯバリー・ジョンは、絹のようなステップと無慈悲なまでに正確なキックで「キング」と称され、絶頂の27歳でとっとと引退した個性派である。その自伝（『真紅のジャージー』＝ベースボール・マガジン社）より。

「スタンドオフは絶対に利己的であってはならない」

そう言っておいて、

「スポーツは、はみ出し者（略）の登場によっていきいきしたものとなり、味のあるものになる」

つまりは責任感の問題か。試合でワガママをしないためのワガママ。無責任でないワガママ。そんな領域は確かにある。１９９９年ワールドカップ、ジャパンが母国ウェールズから奪ったトライに「イエス」と拳を握ったバリー・ジョン（記者席で喜ぶ様子ははみ出していた）がそうだったように。

ちなみに「思わずフォークを拾ってしまった男」は、おおむね三軍近辺の位置で現役を終え、卒業後は、放送局の特ダネ報道記者として上々の評価を得ているらしい。ラグビーには間に合わなかったけれど仕事に教訓は生かされたのかな。

初出＝「ラグビーマガジン」２００５年９月号。
『ラグビー大魂』（ベースボール・マガジン社）所収

革命家にも資本家にも

ベネズエラのシモン・ボリーバル空港で、珍しく、自分のためのみやげを買った。チェ・ゲバラの人形。物議をかもすベネズエラの現職大統領、ウーゴ・チャベス、キューバの指導者、フィデロ・カストロと並んで、みやげ店の棚に、ゲリラ帽のゲバラがいた。120ボリーバル、公定レートで約6千円、けっこう高いが、小さくとも重厚な胸像であって、この種の人形の絶対必要条件は満たされている。すなわち、ちゃんと「似ている」。

革命家、チェ・ゲバラは、41年前、南米ボリビアの山中で39歳にして政府軍の手により短くも濃密な生を終えている。このコラムに思想と行動の是非を問うつもりはない。ただチェ・ゲバラは、ラグビーを愛していた。ラグビーを愛する者の人形を特別に欲しくはない。革命家の人形なんかいらない。でもラグビーを愛する革命家の人形なら絶対に買いたい。

ゲバラについては、ちょうど1年ほど前、ラグビーマガジンにも書いた。ワールドカップでアルゼンチンが躍進したこともあり、フランスや英国の新聞は「アルゼンチンのラグビーとゲバラ」について盛んに報じて、それを紹介したかった。

ゲバラは、アルゼンチン・コルドバの生まれである。裕福な家に育ち、やがてラグビーに夢中になった。体は細かったけれど「よいタックラーだった」と昔の仲間は証言している。ポジションは、おもにWTBかCTB、喘息に悩み、試合中に酸素吸引を行うこともあったのに、プレーをやめようとはしなかった。

ブエノスアイレスの医学生時代には『タックル』というラグビー誌をつくり編集長を務めた。計11冊。現存する雑誌は、オークションでたいそうな値をつけるらしい。

チェ・ゲバラが、時代と体制を超えて、多くの人間の関心をひくのは、思想でなく行動における人格ゆえではないか。そもそも将来を嘱望される医師だったのだから、そこにイデオロギーを自身の出世の道具とする嫌らしさはない。また、自身の過去の不幸や屈折の反映として、現在そこにあるものを破壊してしまいたい、というような願望とも無縁だ。

ゲバラの青春は開明的な家庭と素敵なラグビー仲間に恵まれていた。だから、そんなに変なことをしない。キューバで大臣になっても労働者として汗を流し、来日時、広島の原爆跡を見るため、公式日程にないのに、大阪から夜行列車に飛び乗ったりした。

つまりチェ・ゲバラは、革命を唱えつつ、比較すれば、精神は自由だった。ここが多くの独裁的革命家とは異なる。そして思う。ラグビーとは、つくづく「自由」と相性がよいのだ。

エリス伝説の真偽はともかく、フットボールの試合中、いきなり手でボールをつかんだのが発祥だとすれば、ラグビーとは起源において自由ではないか。体制に従順でないとも言い換えられる。

イタリアのファシスト、ムッソリーニはラグビーを好きになりかけた。勇猛なる古代ローマ競技の現代版と見なして奨励しかかるも、すぐに選手たちの「非従順性」を見抜いて、関心を失う。昨年9月、タイムズ紙にリチャード・ベアード氏は書いている。「あの時代、イタリアでサッカーをしないことが、そもそも反抗的な証である」。

ラグビーをしているからといって、また、愛しているからといって、誰もが、チェ・ゲバラにはなれない。ならなくたってよい。でも、チェ・ゲバラになりたければなるべきだ。ラグビーが画一的な方向へばかり進んだらつまらない。よきラグビーとは、よき革命家も、よき資本家も、よき反逆者も、よき支配者も生み育てるべきなのだ。

かつて、とある老シナリオ作家が教えてくれた。学生運動の盛んなころ、よく体育会の学生は大学側の「スト破り」にかり出された。でも「早稲田のラグビー部の有志たちが（寮のあった）東伏見の駅前で、他の部のスト破り要員を引き留めているのを見た」。いい話だ。ストは許せないという考えもあってよい。しかし運動部だから、みんながそうだというのはグロテスクだ。いつだってラグビーは多様な価値観に寛容であってほしい。

初出＝SUZUKI RUGUBY「友情と尊敬」２００８年10月

しつこく

しつこい。普通は嫌な言葉だろう。しつこい人は、よい人ではない。でも、しつこいコーチは、よいコーチだ。「しつこい」の語源説の末席のひとつに「尻腰」がある。「しっこし」。たまに落語で耳にする。「しっこしのねえ野郎だ」。意気地や根気を意味する。そう。コーチングとは意気地と根気なのだ。そして、よいコーチは、意気地を意気地と思わず、根気を根気と感じぬ性格を有している。

オールブラックスはしつこい。きっとコーチングもしつこいのだろう。2年前のワールドカップ、真っ黒なジャージィをまとった地元ニュージーランドの代表は、しきりにキックを用いる攻撃を磨き、そのための技術開発、攻防の整理に励んでいた。たまに報道陣に公開される練習では、しつこくキックを蹴り、追い、跳んで、つかんだ。先の来日、ジャパンとのテストマッチ前日の報道陣への一部公開、まったく同じように複数の選手が連携を保って、蹴り、追い、跳び、つかむ。特定の選手を対象とするハイパントのキャッチも入念に行われていた。

翌日、ジャパンは、オールブラックスのキックに翻弄された。試合後、日本代表の数人のバックス選手に「向こうはトライを狙う場面にキックをよく用いましたね」と聞いた。当事者は何よりも「オールブラックスの判断力の鋭さ」を感じていた。前が崩されそうなので、後方の守りを薄くすると、必ずそこめがけて蹴ってくる。その通りだ。ただ練習やここ数年の試合を注視すると、自然な判断というよりは状況をつくりながらの決め事、ひとつのパターンのようにも映るのである。

いずれにせよオールブラックスの指導者たちが「現代ラグビーにおけるキックおよびキックからの攻防の重要性」に素早く着目、しつこく、しつこく、スキルの研磨と仕込みを繰り返していることは間違いない。

コーチは、毎日の練習でしつこくなければならない。過日、トップリーグのある現役の選手に質問をした。流れの中で「次の次」に右に展開すると決まっていても、右にいるバックスは、いったんボールが左に動いたなら、まず、そちらへ近づき、そこから決め事の右方向のアタックに備えて、もういっぺん広がるべきではないか？　ずっと同じ位置でボールを待つのは間違いでは？　答えはこうだった。「その通りです。でもトップリーグのチームでも、コーチが練習でしつこくそうさせないところは、すぐにできなくなる」

もうひとつコーチは、そこにいる選手ひとりずつの心のあり方にしつこくつきまとわなければならない。元東海大学監督の和泉武雄さんは、それはしつこい名コーチだ。70年代の早稲田黄金時代にフランカーを鍛えに鍛え、無名の若者を日本代表級へ育て上げた。以下、筆者の個人的な思い出を書くことをお許し願いたい。また、本ストーリーの概略は、いっぺん中日新聞・東京新聞のコラムでも触れている。

早稲田大学ラグビー部の１９９６年度の夏合宿の某日、フランカーの野村能久は一軍入りをかけて明日の部内マッチに備えていた。愛媛県・愛光学園出身の理工学部4年。サイズに恵まれず、鈍足、柔軟な筋肉の持ち主というわけでもない。ただ天然の生命力と根源的な聡明さを備えていた。努力をかさねて、ようやく公式戦出場は視野に入りつつあった。

ところが臨時コーチとして合宿に招かれていた和泉さんは、いきなり、野村におそるべき特訓を課した。これでもかと走らされ、転がされ、タフネスを誇る最上級生もついにふらふらと脚の力をなくした。

どうして野村に特訓を？　夜、やはりコーチとしてその場にいた筆者が聞くと、職人的指導者は言った。

「無名校出身の小柄な努力家がここまできた。みんなが応援したくなる。でも、このまま大きな試合、たとえば早明戦に出したら吹き飛ばされる。高校時代からの本物の才能には通じない。これで、あいつは明日の部内マッチで活躍できない。いっぺん下のチームへ落ちる。もういっぺん這い上がったら本物よ」

これぞ本当の個人教育なのである。和泉さんは、自分と同じようにラグビーの強くない学校から母校へやってきた同郷・愛媛の後輩がかわいかったはずだ。だから、一見、ひどいほどの試練を与えた。しつこく考え、しつこく関わり、そこにいる人間の内面にしつこく侵入した。

その秋に赤と黒のジャージィをまとった野村能久は、後年、テレビ朝日の報道記者となり、カイロ支局長時代の11年10月、無念にもリビアで命を落とした。享年37。ずっと、あの特訓の夕暮れを覚えていたはずだ。

コーチよ、しつこくあれ。しつこく愛して、しつこく鍛えよ。そして選手は愛情と情熱のコーチにしつこく、しつこく、くらいつけ。

初出＝SUZUKI RUGUBY「友情と尊敬」２０１３年10月

大金　本能で拒む人に

～名監督の教え～

いつもの酒場。外装工事の会社を営む元ボクサーの若き社長が、テレビ画面を見上げながら言った。

「これ、マンの字が違うな」

日本国の首都の知事が掲げる「借用証」に「５０００万円」とある。その「万」は「萬」じゃないのか。そんな意味である。

合法か非合法か。もはやその意味は薄い。冷や汗ではなく本物の汗を流しながら本日も働く庶民は、とっくに「この話にはズルがある」と見抜いている。

萬を万と記してもよいのだろう。人を食ったみたいに簡素な借用証だってありうるのかもしれない。全寮制の高校時代、同部屋の友に少々借りた時はそうだった。ノートの切れ端に「500円、確かに」。でも、初めて会う人に「無利子、無担保、返済期限なし」で5000万円を借りておいて、こんなにあっさりとした記載ですむなんて市井の常識ではありえない。

法律的なシロを唱えて、それを幹としようと弁明を重ねるうちに不自然という枝葉がどんどん伸びる。根っこのフェアネスを捨て去った者の笑えぬ喜劇である。

先の日曜のラグビー早明戦、国立競技場を埋める大観衆に、32年前、この場で指揮を執った人物の言葉をあらためて思い出した。

「目の前に5億円を積まれたら本能的に拒否する人間になれ」

元日本代表の名監督で早大や早大学院高を指揮した故・大西鐵之祐さんは、ラグビー部のミーティングでよくそう言った。

「政策実現のためにお使いください。そう差し出されたら手を出してしまう。適正に処理されていたとしても他人がそんな大金をくれるということはアンフェアなんだ」

過去、単行本などで何度か紹介した。またか。そう、またもやこの教えを引かなくてはならないような出来事が起きたのだ。

大金を本能で拒む。そのためには金銭に換えられぬ喜びを若くして知る必要がある。スポーツの出番だ。

審判の目を盗みズルで勝った後味の悪さ。一点の曇りもなく戦い敗れた悔いと後年のほのかな充足。練習で、試合で、楽に流れがちな誘惑をこらえた先の誇り。そうした実感が細胞に刻まれて、なんとか机の札束を押し戻せる。

人間はいつか天へと向かう。その時、5億円、いや5万円でも、後ろ暗い利を得た人生をしみじみ幸福と思えるのだろうか。

初出＝東京新聞・中日新聞「スポーツが呼んでいる」2013年12月3日付

あとがき

そうだ。自由だ！

ベルリンの壁は悲しい。いくら観光客のコースに組み込まれ、周囲の土産店が盛況でも死の気配は漂う。6月のまばゆい光、乾いた微風、くどいほどの青空、きっとあとで戴くだろう黄金色の麦酒と酸っぱく煮たキャベツ、すべてが心地よい。そのことが無念の絶命の影を濃くする。

サッカー関連の取材でかの地を訪れ、ずっと「壁」と「旧東ドイツの人々」について考えていた。何か格別に構えるわけでないのに、いまも、またいまも、「自由」の二文字がこちらの身に迫ってくる。

1961年の8月13日、突然、ベルリンは東西に遮断された。市民、ことに若い専門職の西側への移住に追い詰められた東ドイツの体制が、極秘に壁の構築を立案、ほとんど抜き打ちで境界を封鎖した。

9日後の午前6時50分、ベルナウアー通り48番地の集合住宅に暮らす看護師、イダ・ジークマンは、4階の自室から飛び降りた。真下の歩道は「西」である。政権はすでに警察と労働者組織に命じて「西」に面した住居の1階の入り口と窓を閉ざしていた。ほどなく高層もコンクリートで塗り固められる。いましかない。最初に寝具といくばくかの所持品を落とした。音が響いて監視に気づかれる恐怖を覚えて、性急に飛んだ。眼下では西ベルリンの消防隊が救助ネットを広げて待ち構えているはずだった。ところが、準備は整っていなかった。翌日に59歳の誕生日を迎えるはずのこの女性がベルリンの壁の最初の犠牲者となった。

人間は自由だから人間なのだ。窓をふさがれそうになれば、若くはない女も恐怖を乗り越えて空を飛ぶ。飛ばなくてはならない。

ラグビーは自由である。不断の努力も高潔な人格も、勝負を落とせば、称えられない。ラグビーはラグビーなのだから、敗者の礼賛は、覇者の傲慢と同じように否定されるべきだ。そこに自由がある。

真剣勝負のラグビーは限定された時間と空間に行われる。目標にすえた決戦のその時こそ「終わり」の到来だからだ。どのみち、おしまいはくる。なのに最良の心身を無限に求める。これからも続く生活とは異なり、句点をめがけて走ってきた。練習でひとつのパスを放り、ひとつのタックルに肩をぶつけるたび、結末へひとつ近づく。凝縮は万事の輪郭を太くする。スポーツに打ち込む特権だ。

「チームがチャンピオンの座につかない限り、どこかで挫折し、その相手と比較され、酷評を受け、冷笑嘲笑にも耐えなければならないのである」

福岡工業大学ラグビー部の久羽博元監督が、同校部誌『SPIRIT‐2（76年6月、発行）』に寄せた文章の一節である（同部ホームページより）。読み返すたび、胸の奥をスーッと空気が通り抜ける。ラグビーの自由を語っている。おのれの価値の判定を勝敗にゆだねる覚悟があって、初めて、勝敗に収まらぬ真価もにじむ。予告された弁解なんて自由の敵である。

負ける自由がある。ひとりずつ異なる人格があって、ひとつの目標に突き進む自由がある。強制を嫌悪しながら規律と個性を両立させる自由もある。自由意思で困難と向き合うラグビー選手ならアンフェアを鋭敏に察知できる。不公正に気づく能力は培われている。だから自由なラグビーに夢中になれる自由な社会を守り抜かなくてはならない。

54年前の8月10日。東ベルリンのオーバーシュプレー電線工場。東ドイツの最高権力者、ヴァルター・ウルブリヒト国家評議会議長が３０００人の労働者の前で演説を始めた。壁のブロックを積み上げる3日前の出来事だ。退屈きわまる自画自賛。追随の拍手。1時間以上が経過、スターリン主義者である議長は「自由選挙」という言葉を口にした。もちろん否定の文脈だった。すると、ホール後方、ざっと5メートルほど積み上げられた電線の束の上からひとりの従業員がふいに叫んだ。

「そうだ。自由選挙だ！」

党の幹部はあわてふためき、怒り、振り向いた。しかし国営テレビ局の取材カメラが回っているので手荒なまねはできなかった。職場に戻ると仲間が無言で肩を叩いた。帰宅の路面電車の車窓に併走する灰色の車両が見えた。秘密警察である。翌日、上司からは降格処分を科せられた。未来はえぐり取られた。13日の夜遅く、婚約者を連れてラントヴェア運河を泳ぎ渡り、西ベルリンへ逃げた。深夜にも開いていた酒場の主人が、気付のコニャックをふるまい、救急車を呼んでくれた。

32歳、圧延機で電線をつくってきた腕のよい工員、クルト・ヴィスマッハは本当に自分の信じるところに従った。圧政の国の頂点に君臨する人物に臆せず異議を唱えた。ラグビー。ラグビーじゃないか。

2015年6月25日

多くのコラムは過去の書籍にも収録されている。魂に背かぬ出版人、かつて鉄のタックルの名フランカー、渡辺浩章さんが、主題別に選んで、もういっぺん活字にしてくれた。望外だ。東京都立国立高校の元フッカー、石橋光太郎さんが、カバーのデザインを担ってくれたのも喜びである。現役時代、さいわいにも手の指の骨を砕かずにすんで、いま気鋭のバンド、toconomaのギタリストとして遠くから聴こえてくるのに脳内ではじけるような音を奏でる。どうか編集の心意気、それをくるむイラストレーションの明敏なる深みをあなたの書架に差し入れてください。

※参考・『CHRONIK DER MAUER』(web)、『検証ベルリンの壁』(ユルゲン・ペッチュル著　三修社)

Cover design & illustration
Kotaro Ishibashi
www.kotarock.com

藤島《ふじしま》 大《だい》

1961年、東京都生まれ。都立秋川高校、早稲田大学でラグビー部に所属。卒業後は、スポーツニッポン新聞を経て、92年に独立。文筆業のかたわら、都立国立高校、早稲田大学ラグビー部のコーチを務めた。2002年『知と熱　日本ラグビーの変革者・大西鐵之祐』（文藝春秋）でミズノスポーツライター賞を受賞。その他の著書に『ラグビー特別便』（スキージャーナル）、『スタジアムから喝采が聞こえる』（洋泉社）、『ラグビーの世紀』（洋泉社）、『スポーツ発熱地図』（ポプラ社）、『熱狂のアルカディア』（文藝春秋）、『キャンバスの匂い』（論創社）、『ラグビー大魂』（ベースボール・マガジン社）、『楕円の流儀』（論創社）、『ラグビーの情景』（ベースボール・マガジン社）がある。

人類《じんるい》のためだ。

著　者　　藤島《ふじしま》 大《だい》

2015年7月31日　初版発行
2022年3月30日　第2刷発行

発行者　渡辺浩章
発行所　株式会社　鉄筆
〒112-0013　東京都文京区音羽1-15-15
電話　03-6912-0864
印刷・製本　近代美術株式会社
落丁・乱丁本は、株式会社鉄筆にご送付ください。
送料は小社負担でお取り替えいたします。
定価はカバーに明記してあります。

ISBN 978-4-907580-04-9　Printed in Japan